Heimatatlas
für die Provinz
Schlesien

HEIMATATLAS

für die Provinz

Schlesien

Ergänzt mit einer Landeskunde und historischen Bildern.
Mit 21 Karten und Plänen sowie 130 Abbildungen und Kartenausschnitten.
Bearbeitet und herausgegeben von Holger Tümmler.

Weltbild

Nachdruck der Originalausgabe des Kartenwerks
von 1913 nach einem Exemplar der
"Bibliothek für Bildungsgeschichtliche Forschung
des Deutschen Instituts für Internationale Pädagogische Forschung".
Signatur: 20 Fa 135

Ergänzt mit Karten aus dem Breslauer Schulatlas von 1922
Signatur: 35 395 Ausgabe B

Genehmigte Lizenzausgabe für Verlagsgruppe Weltbild GmbH,
Steinerne Furt, 86167 Augsburg

Umschlaggestaltung: Coverdesign Uhlig, Augsburg / www.coverdesign.net
Gesamtherstellung: Neografia, a.s., Martin
Printed in the EU

ISBN 978-3-8289-0833-8

2010 2009 2008
Die letzte Jahreszahl gibt die aktuelle Lizenzausgabe an.

Heimatatlas für die Provinz Schlesien

Inhaltsverzeichnis

Karten aus der Heimat

Heimatkunde

Vorwort

Kehr ich einst zur Heimat wieder, Früh am Morgen, wenn die Sonn aufgeht.
Schau ich dann ins Tal hernieder, wo vor einer Tür ein Mädchen steht.
Da seufzt sie still, ja still und flüstert leise: Mein Schlesierland, mein Heimatland,
So von Natur, Natur in alter Weise, Wir sehn uns wieder, mein Schlesierland,
Wir sehn uns wieder am Oderstrand .....

Dieser Heimatatlas möchte jedem Schlesier und jedem anderen interessierten Leser zeigen, welch ein Land die ehemalige Provinz Schlesien war. Auch möchte der Atlas für jeden ehemaligen Schlesier und seiner Familie eine liebgewonnene Erinnerung an die vertraute Heimat sein.

Die Karten des einzigartigen Atlas entstammen dem Heimatatlas für Schlesien aus dem Jahre 1913. Das Kartenwerk wurde ursprünglich herausgegeben, "damit aus der Kenntnis des Erschauten und Erlebten ein Gefühl des Verbundenen erwächst". Gleichzeitig sollte das Buch für jeden Bewohner Schlesiens ein guter Ratgeber in heimatkundlichen und staatsbürgerlichen Fragen sein.

Für die Ausgabe des Melchior Verlages wurde das Kartenwerk mit weiteren Karten, die das Kartenbild Schlesiens nach den Ereignissen des I. Weltkrieges zeigen, versehen und um einem Heimatkunde-Abschnitt mit vielen historischen Bildern ergänzt. Die vaterländische Prägung der einzelnen Beschreibungen wurde beibehalten, um dem Leser auch den Eindruck des seinerzeit vorhandenen Heimatstolzes zu vermitteln.

Karten, Text und Bilder geben zusammen einen glanzvollen und interessanten Rückblick in eine Zeit vor fast hundert Jahren. Möge das Buch das Interesse an der Geschichte der Heimat wecken und so manche Erinnerung beleben.

Karten aus der Heimat

Erklärung:
STÄDTE von über 100.000 Einw.
Städte „ 50 - 100.000 „
Städte „ 20 - 50.000 „
Städte „ 10 - 20.000 „
Städte „ 5 - 10.000
Kleinere Städte ○ Dörfer ♁ Schlösser
= Festungen und Forts ∴ Ruinen
Eisenbahnen Hauptstraßen
Sümpfe Kanäle
Landes- und Provinzgrenzen
Regierungsbezirksgrenzen
Oppeln Bezirkshauptstadt
Neisse Kreishauptstädte
Die Zahlen sind Höhen über dem Meeresspiegel in Metermaß.
Namslau
Kreuzburg
Rosenberg
Landsberg
Wielun
Oppeln
Oder
Malapane
Lublinitz
Gr. Strehlitz
St. Anna B.
Kosel
Neustadt
Leobschütz
Ratibor
Troppau
Jägerndorf
Gleiwitz
Tarnowitz
Beuthen
Königshütte
Kattowitz
Nikolai
Rybnik
Pless
Oderberg

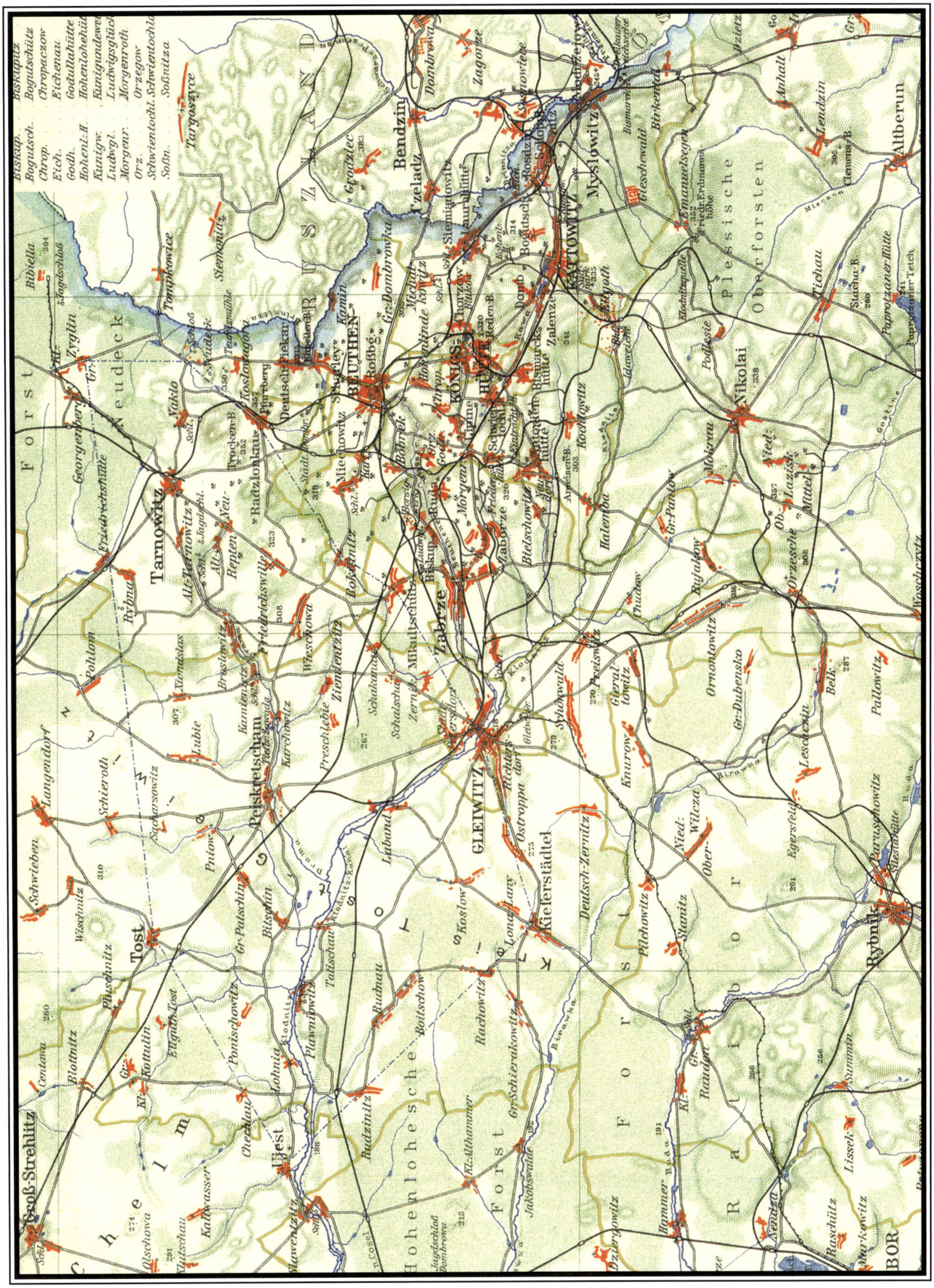
GLEIWITZ
BEUTHEN
KATTOWITZ
Tarnowitz
Tost
Rybnik
Nikolai
Myslowitz
Zabrze
Bendzin
Peiskretscham
Kieferstädtel
Groß-Strehlitz
Laband
Ujest
Pless
BOR
Altberun

BRANDENBURG
Niederlausitz
Fläming
Oberlausitz
KGR. SACHSEN
BÖHMEN
Oder
Spree
Neiße
Bober
Queis
Elbe
Guben
Krossen
Züllichau
Grünberg
Neusalz
Glogau
Sagan
Sprottau
Kottbus
Forst
Sommerfeld
Sorau
Spremberg
Hoyerswerda
Görlitz
Lauban
Bunzlau
Liegnitz
Löwenberg
Goldberg
Jauer
Hirschberg
Landeshut
Bautzen
Löbau
Zittau
Meißen
DRESDEN
Großenhain
Kamenz
Reichenberg
Gablonz
Tetschen
Bodenbach
Aussig
Teplitz
Dux
Leipa
Trautenau
Königinhof
Josefstadt
Königgrätz
Pardubitz
Chrudim
Erz Gebirge
Lausitzer Gebirge
Iser-Gebirge
Riesen-Geb.
Schneekoppe
Katzbach-Geb.
Elbsand-stein-Geb.
Industrien:
Woll-Industrie
Leinen-Ind.
Baumwoll-Ind.
Porzellan-u. Ton-Ind.
Glas-Industrie
Chemische Ind.
Leder-Industrie
Steinkohlenfelder
Braunkohlenfelder
Eisenhütten
Eisenverarbeitung
Silber
Kupfer
Zink
Blei
Breslau
Lissa
Kalisch
Oppeln
Neiße
Tabak
Zuckerrüben

Brandenburg
Sachsen
Posen
Sprachenverbreitung
Deutsche
Polen
Tschechen
Wenden
überwiegend
Rußland
Österreich
Breslau
Liegnitz
Oppeln
Brieg
Neiße
Glatz
Ratibor
Troppau
Ostrau
Kreuzburg
Namslau
Öls
Gleiwitz
Beuthen
Kattowitz
Hindenburg
Königshütte
Czestochów (Tschenstochau)
Wieluń
Kalisch
Ostrowo
Krotoschin
Rawitsch
Lissa
Kosten
Trebnitz
Militsch
Groß Wartenberg
Kempen
Reichthal
Ohlau
Strehlen
Reichenbach
Frankenstein
Münsterberg
Grottkau
Falkenberg
Leobschütz
Kosel
Ober Glogau
Neustadt
Lublinitz
Tarnowitz
Rybnik
Pleß
Bielitz
Biala
Teschen
Jägerndorf
Freudenthal
Mähr. Schönberg
Römerstadt
Landskron
Mähr. Ostrau
Wagstadt
Oder
Warte
Weichsel
Malapane
Prosna
Bartsch
Mährisch-Schlesisches Gesenke
Mähren
Schlesien
Galizien
Russland
Posen

Hennersdf.
Liebental
Langwasser
Matzdorf
Mauer
Tschischdorf
Nied.
Ob.
Langenau
Hogulje
Ludwigsdorf
Flachenseiffen
Johnsdorf
Spiller
Bernskenstein
Sperre
Tal
Grunauer Spitz-B.
Tief-
Hartmanns
Birngrütz
Berthelsdf.
Bober
Grunau
Berbisdorf
Nied.
Kammerswaldau
Kunzendorf
Kemnitz
Rohrsdorf
Reibnitz
Straupitz
Maiwaldau
Blumendorf
Scheiben-B.
Hindorf
Krommenau
Gotschdorf
Quillen-B.
Seiffersdo
Antoniwald
Ludwigsdf.
HIRSCHBERG
Eichberg
Seifershau
Kunnersdf.
Voigtsdorf
Rohrlach
Schildau
Geiers-B.
Biber-steine
Kaisers-waldau
Herischdorf
Schwarzbach
Falken Berge
Kl. Zacken
Scholzen-B.
Prudel-B.
Stonsdorf
Hoher Iserkamm
Moltkefels
Hochstein
Warmbrunn
Lomnitz
Fischbach
Schreiberhau
Petersdorf
Hermsdorf
Kynast
Erdmannsdorf
Heinrichsburg
Zackelfall
Agnetendorf
Heerd-B.
Giersdorf
Buchwald
Jakobstal
Seidorf
Hayn
Zillertal
Quirl
Hohenwiese
RIESENGEBIRGE
Arnsdorf
Kräbersteine
Annakap.
Schmiedeberg
Neue Schles. Baude
Reifträger
Baberhäuser
Stein seiffen
Alte Schles. Baude
Gr. Sturmhaube
Schneegruben
Kirche Wang
Brückenberg
Krummhübel
Elbquelle
Elbfallbaude
Hohes Rad
Mädelwiese
Sieben Gründe
Schlingelbaude
Wolfshau
Forstlangwasser
Spindler Bauden
Mittagstein
Kl. Sturmhaube
Gr. Teich
Hampelbaude
Kl. Koppe
Kl. Teich
Kesselkoppe
Krkonosch
Böhmischer Kamm
Weißwassergrund
Schwarze Koppe
Grenzbauden
Ziegenrücken
Schneekoppe
Kolbenkamm
Wiesenbaude
Brunnen-B.
Hochwiesen-B.
Löwen-B.
Kolben-B.
Hermsdorf
Hint.
Talsperre
Krausebauden
Langer Grund
Rosenberg
Aupa
Nied.
Platten-B.
Blaugrund
Jablonetz
Ob. Duschnitz
Planur
Kolben-dorf
Fuchs-B.
Finken-B.
Gr. Aupa
Kippen-B.
Albendorf
Kunzendo
Witkowitz
Ochsengraben
Ponikla
Heidel-B.
Hackelsdorf
Dunkeltal
Rehorngebirge
Schatzl
Niederhof
Schwarzer B.
Marschendorf
Kopfelbusch
Wichau
Ob. Stepanitz
Nied.
Hohenelbe
Ob.
Neudorf
Johannisbad
Freiheit
Trautenb
Mitt. Langenau
Lauterwasser
Perimow
Walters-dorf
Hermannsseifen
Starkenbach
Nied.
Jungbuch
Trübenwasser
Branna
Wemritsch
Mohren
Hartmannsdorf
Elbe
Kl. Iser
B Ö H M E N

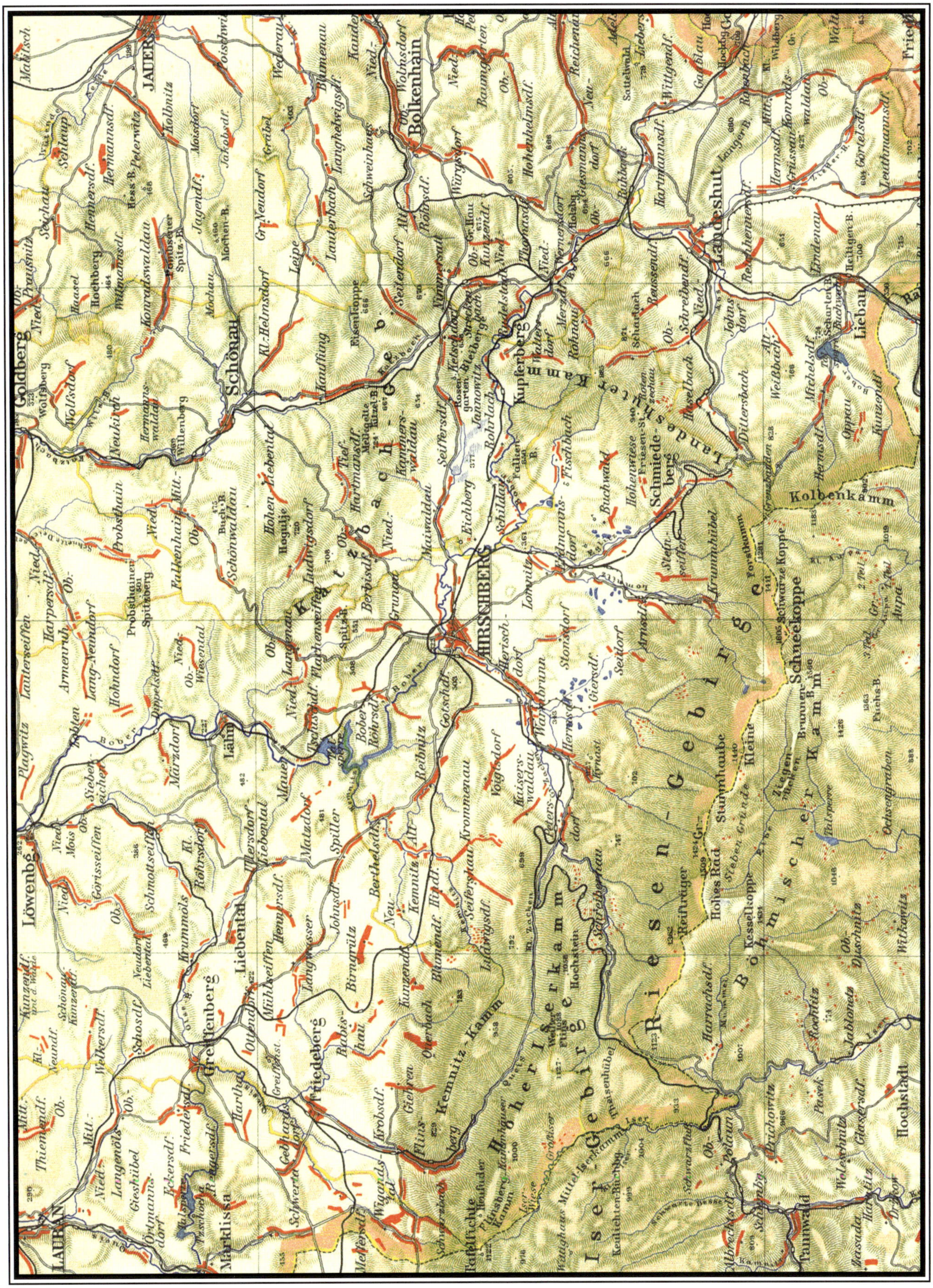
Goldberg
Jauer
Bolkenhain
Schönau
Landeshut
Liebau
Kupferberg
Schmiedeberg
Landeshuter Kamm
Kolbenkamm
Hirschberg
Schneekoppe
Riesen-Gebirge
Löwenberg
Lähn
Liebental
Greiffenberg
Friedeberg
Kemnitz-Kamm
Iser-Gebirge
Marklissa
Lauban
Hochstadt
Tannwald

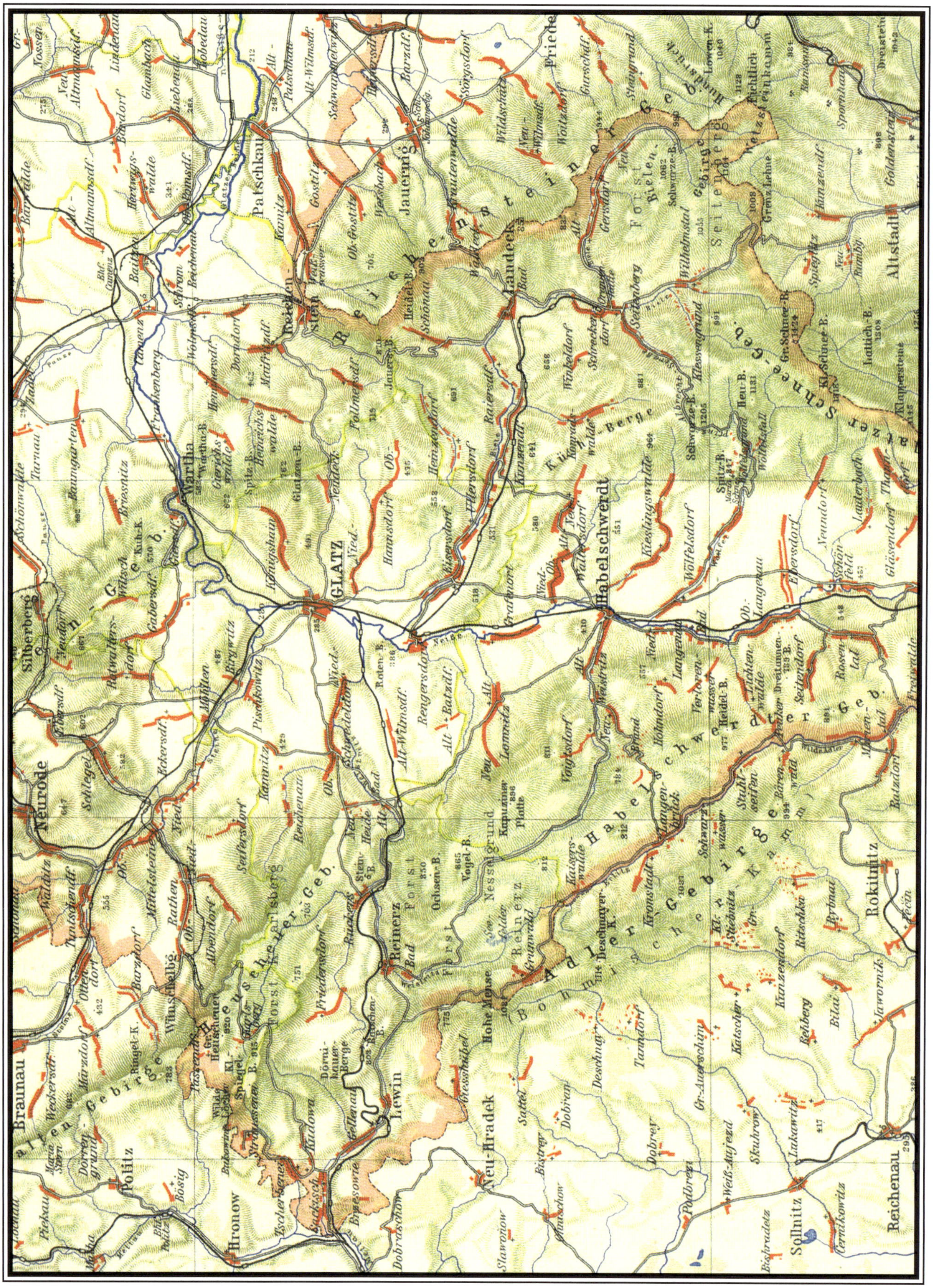
GLATZ
Habelschwerdt
Neurode
Landeck
Reinerz
Lewin
Braunau
Politz
Hronow
Neu-Hradek
Reichenau
Rokitnitz
Altstadt
Patschkau
Wartha
Silberberg
Sollnitz

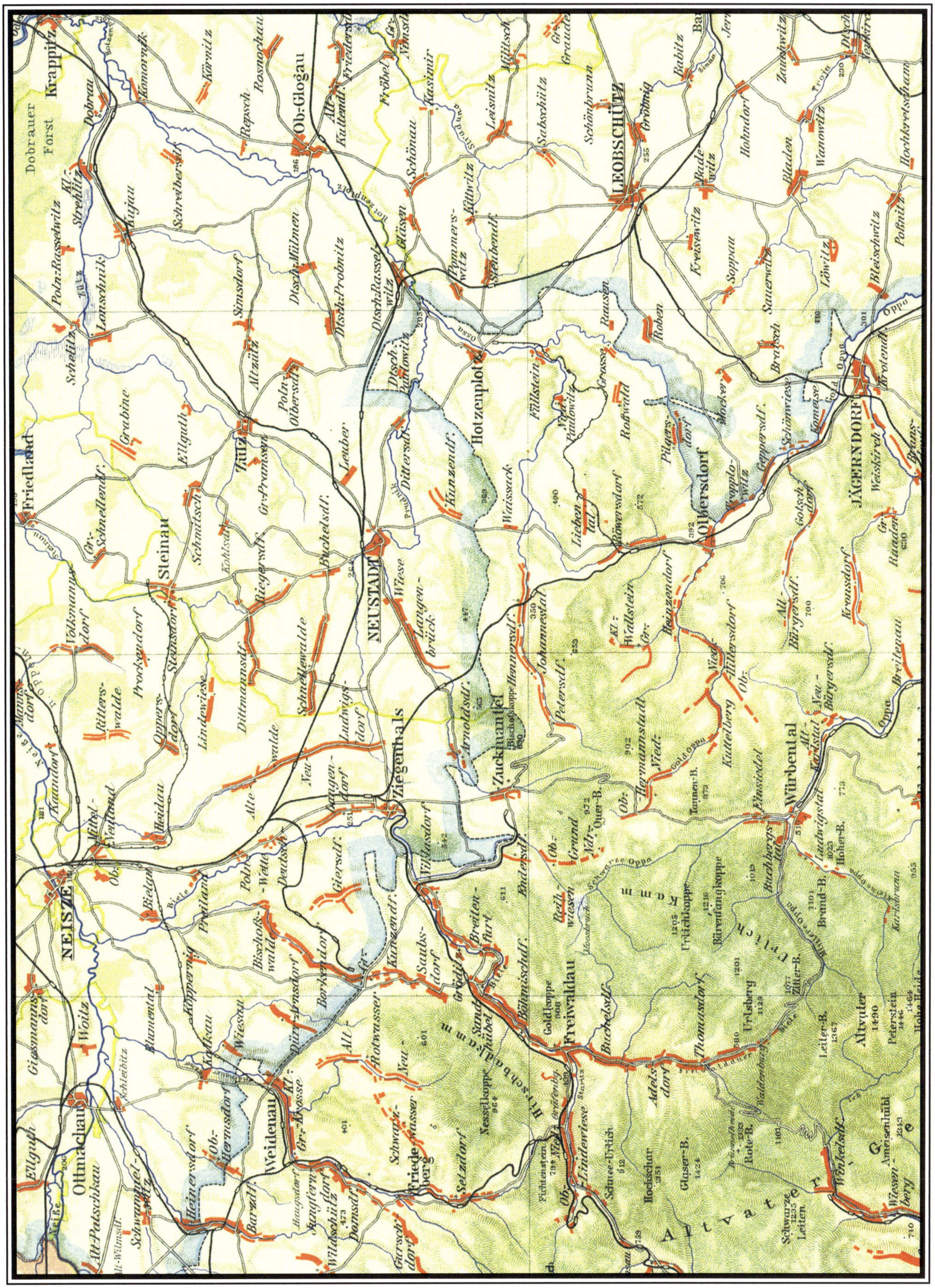
Krappitz
Ob.-Glogau
LEOBSCHÜTZ
Friedland
Steinau
NEUSTADT
Hotzenplotz
JÄGERNDORF
Ziegenhals
Zuckmantel
Würbental
NEISZE
Freiwaldau
Ottmachau
Weidenau
Altvater
Dobrauer Forst

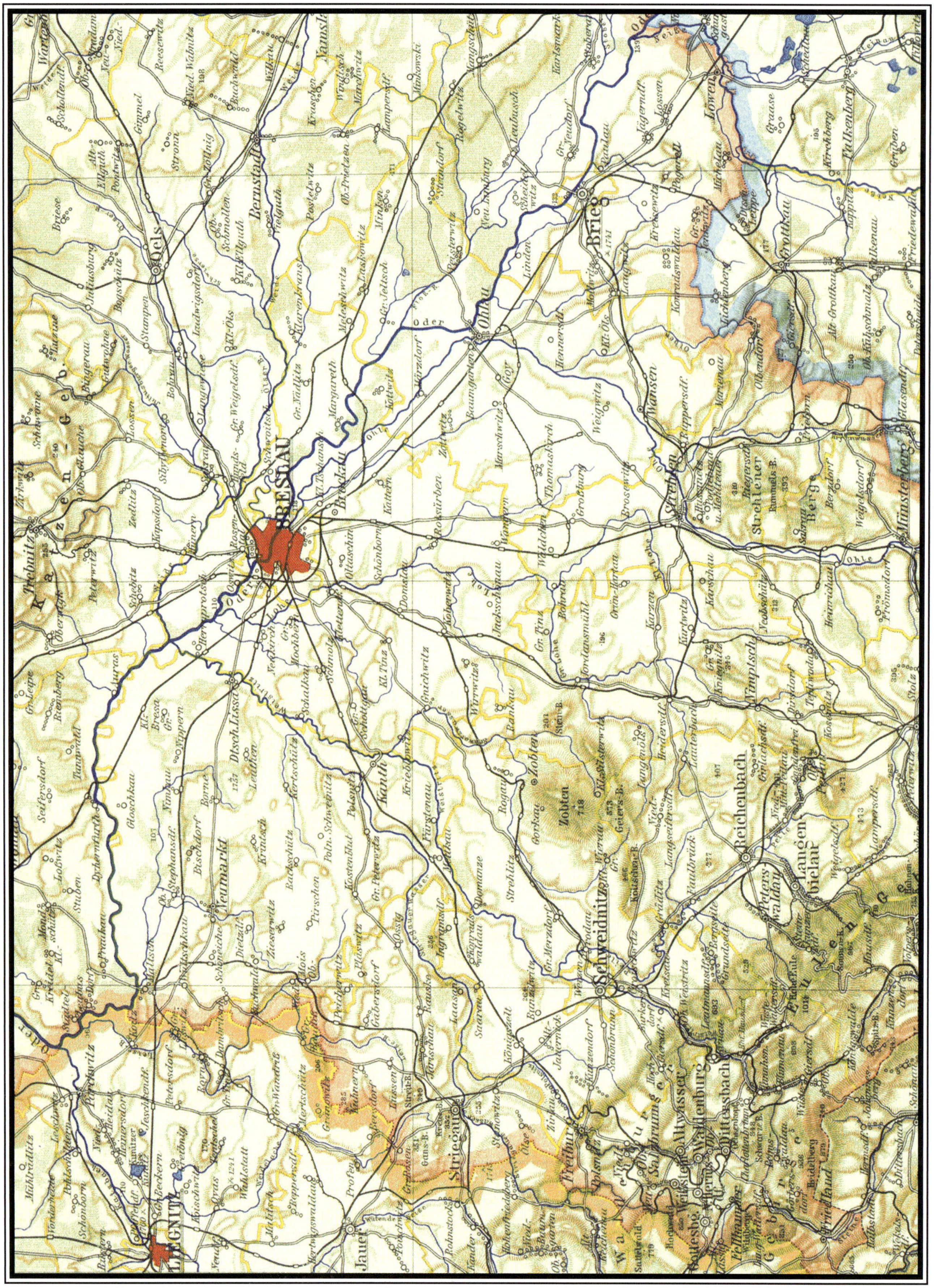
BRESLAU
Brieg
Oels
Ohlau
Bernstadt
Trebnitz
Zobten
Reichenbach
Schweidnitz
Neumarkt
Kanth
Strehlen
Striegau
Jauer
Freiburg
Waldenburg
Liegnitz
Münsterberg

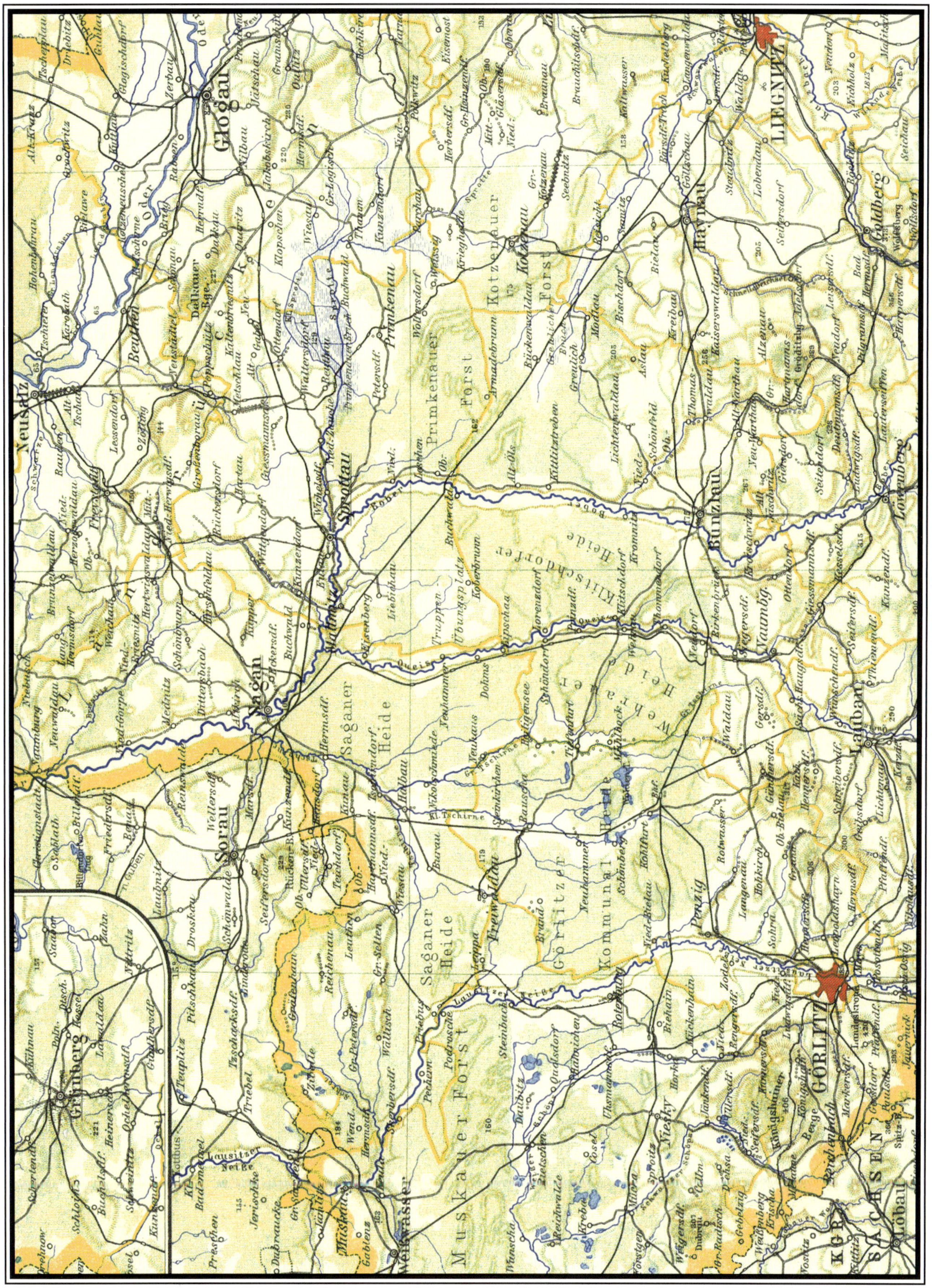
Glogau
Neusalz
Sagan
Sorau
Sprottau
Primkenau
Primkenauer Forst
Kotzenauer Forst
Kotzenau
Liegnitz
Haynau
Goldberg
Bunzlau
Löwenberg
Naumbg.
Lauban
Görlitz
Penzig
Niesky
Saganer Heide
Muskauer Forst
Görlitzer Kommunal Heide
Klitschdorfer Heide
Wehrauer Heide
Grünberg
Weisswasser
Muskau
Sachsen
Löbau

Oder
Oswitz
Pilsnitz
Schiffswerft
Kosel
Rosenthal
Riesel-felder
Kommunal-Friedhöfe
Pulver-Magazine
Laboratorium
Gartenstadt
Ursulinerinnen-Kloster
Franziskaner-Kloster
Breslau-Karlowi
Jüdischer Friedhf.
Städt. Park wald
Hafen
Untere Brückenau
Alte Oder
Gröschel-Brücke
Schiffs Kanal
Handels-Hafen
Unter-Schleuse
Zentral-Gefängnis
Eisenbahn-Werkstätten
Blinden-Anstalt
Exerzier-Platz
Bhf. Schmiedefeld
Eichen-Park
Bhf. Pöpelwitz
Zankholz-Wiese
Schieß-Stände
Odertor-Bhf.
Kleinbhf.
Oder Vorstadt
Klein-Gandau
Pöpelwitz
Exerzier-Platz
Schlacht- und Vieh-Hof
Bürger-werder
Sand-Vorstadt
Nikolai-Vorstadt
Bhf. Mochbern
Striegauer Chaussee
Maria Höfchen
Gas-Anst.
Klein-Mochbern
Güter-Bahnhof West
Rathaus
Freiburger Bhf.
Ohlauer Vorstadt
Lohe
Pumpwerk
Schweidnitzer Vorstadt
Gräbschen
Haupt Bhf
Güter-Bahnhof Ost
nach Freiburg
Kürassier
Kommunal-Friedhof
Kürassier Kaserne
Eisenbahn Werkstätten
Israel. Krankenhs.
Kleinburg
Herdain
Opperau
Süd-Park
zu Oltaschin
Krietern
Erdbeben-warte
Klettendorf
Hartlieb
nach Zobten
Woischwitz
Dür

Hundsfeld
Bhf. Schottwitz
Friedewalde
Kawallen
Schwarzwasser
Wilhelms-ruh
Leerbeutel
Eiswerke
Pöpel
Scheitniger
Scheitnig
Park
Göppert-Hain
Botanischer Schulgarten
Festhalle
Zoologischer Garten
Eiswerke
Zimpel
Grüneiche
Oder-schlößchen
Bischofs-walde
Bartheln
Wilhelmshafen
Oder
Zedlitz
Neuhaus
Pirscham
Wolfs-winkel
Niedere Ohle
Schwentnig
Knopf-Mühle
Obere Ohle
Kl-
Tschansch
Gr.-
Wasser-werk
Wasser-Turm
Ohle
Brockau
Schalune
Wasser-Turm
Ohlauer Chaussee
Fluß der Oder
Bürger Werder
St. Niclas
Vorst. Niclas
Herrengasse
Neumargt Platz
New Stadt
Ring
Albrechtgaß
Reußnischgasse
Platz
Olischgasse
Fluß der Ola
Untere Weitzern
Vorst. Mauritz
1. Breslau
um 1562
nach dem Plane v. Weinert
Maßstab etwa 20000
Neumargt - Neumarkt
Purgt - Burg
Ringk - Ring
Saltzringk - Salzring
Thumb - Dom
Universit. Brücke
Oder
Str. Universität
Universitäts-Pl.
Burg Str.
Ursuliner Str.
Messergasse
Kupferschmiede Str.
Schmiedebrücke
Ritterplatz
Nikolai Str.
Reusche Str.
Herren Str.
Der Ring
Rathaus
Albrecht Str.
Der Neumarkt
Blücher Platz
Roßmarkt
Ohlauer Str.
Dom Str.
Dom
Scheitniger Str.
Promenade
Oder
Sand-Br.
Breite Str.
Lessing-Pl.
Regierungs-Gebäude
Holtei Höhe
Städtische Turnhalle
Dominikaner Pl.
Ohlau Ufer
Kaiser-Br.

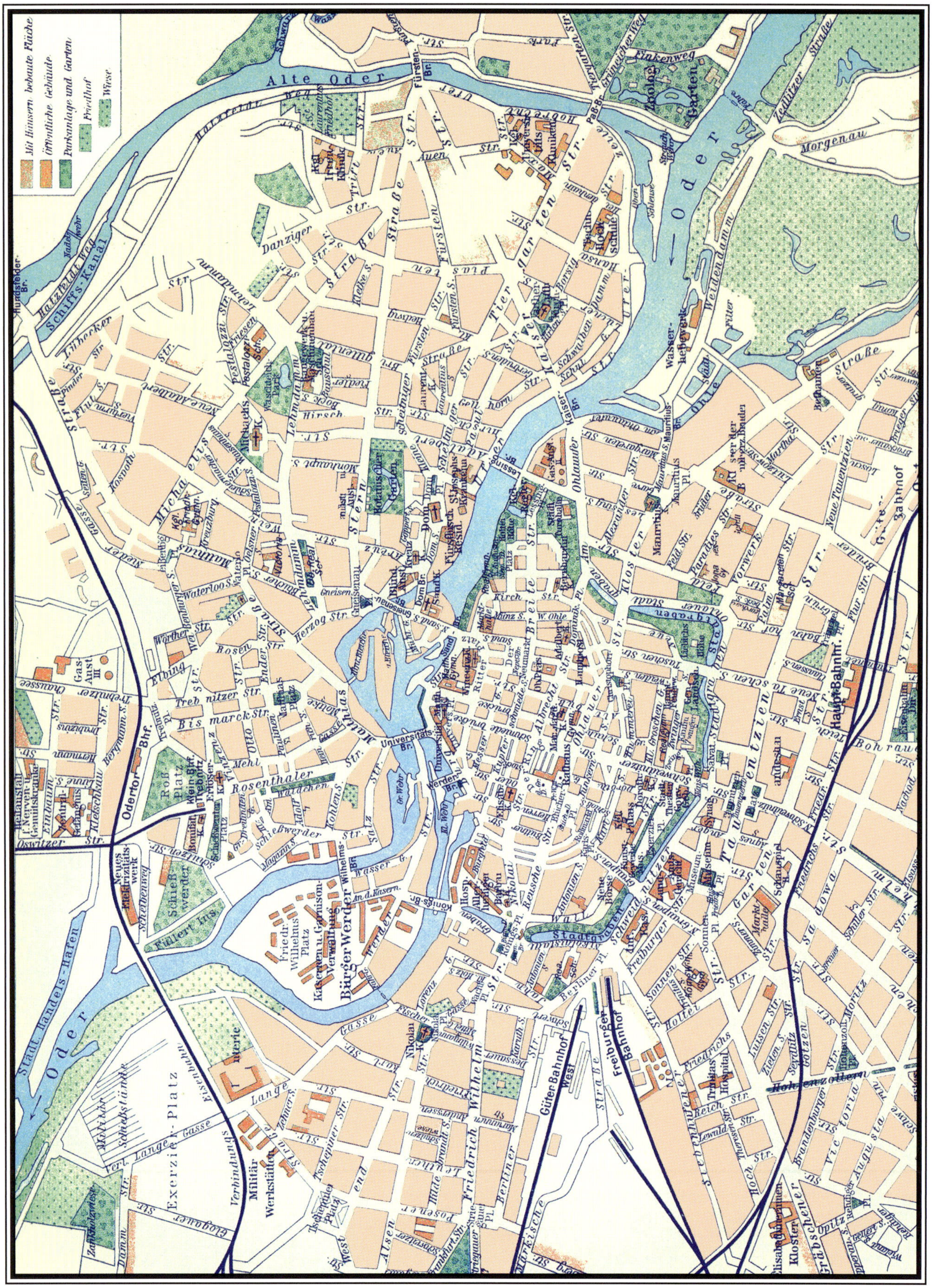
Mit Häusern bebaute Fläche
Öffentliche Gebäude
Parkanlage und Garten
Friedhof
Wiese
Alte Oder
Oder
Zoolog. Garten
Finkenweg
Morgenau
Schiffs-Kanal
Danziger
Lehmdamm
Botanischer Garten
Dom
Sand Insel
Universitäts Br.
Werder Br.
Bürger Werder
Schieß werder
Fillert Ins.
Roß Platz
Odertor Bhf.
Oswitzer Str.
Stadt. Handels-Hafen
Exerzier Platz
Militär Werkstätten
Güter Bahnhof West
Freiburger Bahnhof
Berliner Pl.
Haupt-Bahnhf.
Stadtgraben
Tauentzien
Neue Tauentzien
Weidendamm
Wasserhebewerk
Rosenthaler
Bismarck Str.
Trebnitzer Str.
Michaelis
Kaiser
Tiergarten Str.
Friedrich Wilhelm
Nikolai
Sadowa
Hohenzollern
Victoria
Augusta
Kloster
Brandenburger
Gräbschener
Friedrich Str.
Ohlauer
Breite
Märkische
Lange

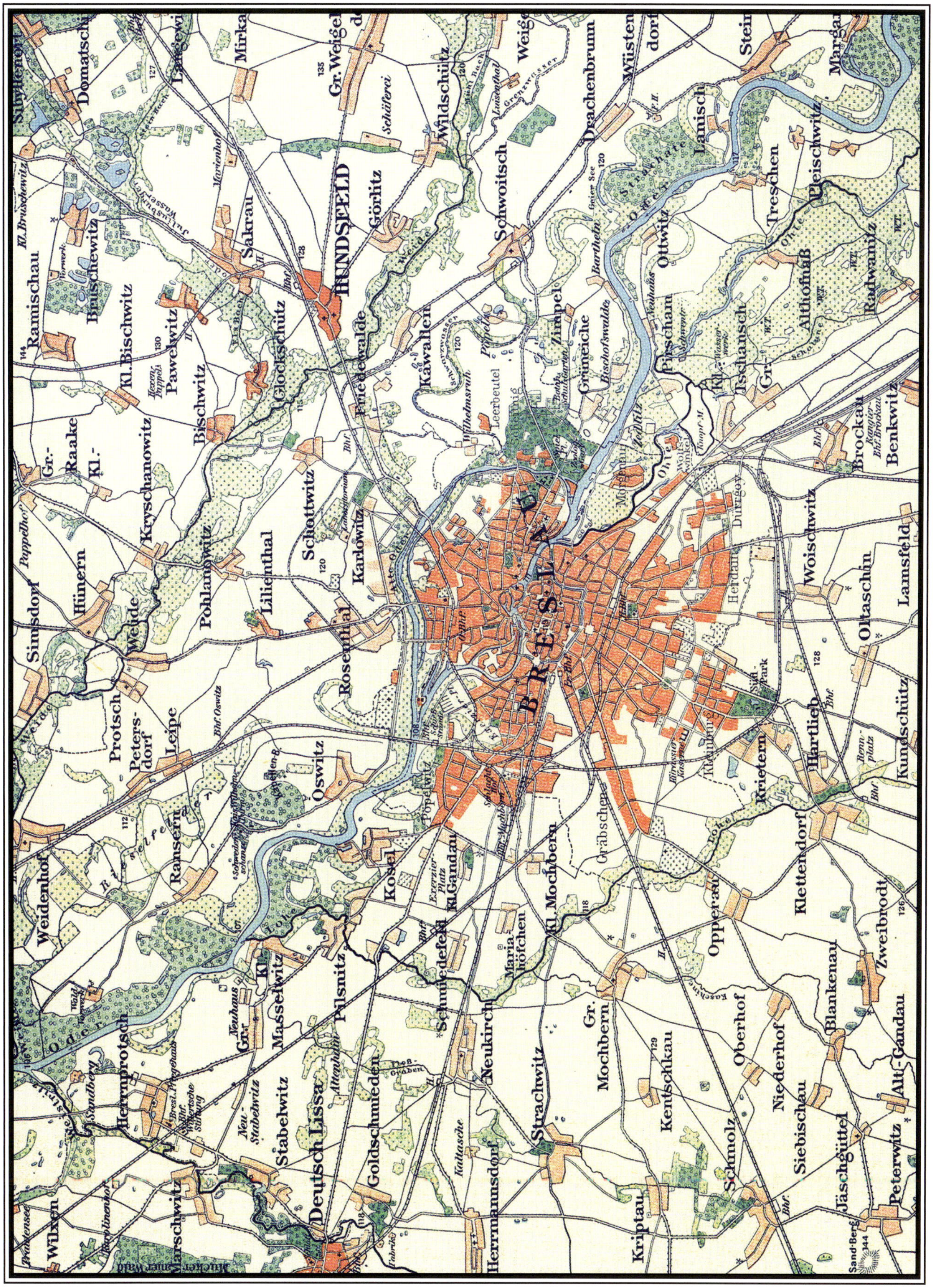
BRESLAU
HUNDSFELD
Oder
Ohle
Lohe
Weide
Deutsch Lissa
Ramischau
Bruschewitz
Kl. Bischwitz
Pawelwitz
Bischwitz
Kryschanowitz
Hünern
Simsdorf
Weide
Protsch
Peters-dorf
Leipe
Pohlanowitz
Lilienthal
Schottwitz
Karlowitz
Rosenthal
Oswitz
Ransern
Weidenhof
Masselwitz
Pilsnitz
Kosel
Schmiedefeld
Neukirch
Herrnprotsch
Stabelwitz
Goldschmieden
Herrmannsdorf
Strachwitz
Gr. Mochbern
Kl. Mochbern
Kentschkau
Kriptau
Schmolz
Oberhof
Niederhof
Siebischau
Jäschgüttel
Peterwitz
Alt-Gandau
Blankenau
Zweibrodt
Klettendorf
Opperau
Krietern
Hartlieb
Kundschütz
Oltaschin
Lamsfeld
Woischwitz
Benkwitz
Brockau
Radwanitz
Althofnaß
Tschansch
Pirscham
Ottwitz
Treschen
Lanisch
Drachenbrunn
Zimpel
Kawallen
Schwoitsch
Widschütz
Görlitz
Sakrau
Glockschütz
Domatschine
Marschwitz
Wilxen
Mirkau
Stein
Wüstendorf
Weigelsdorf
Gr. Weigelsdorf
Gräbschen
Gandau
Popelwitz
Pappelhof
Schäferei
Raake
Leerbeutel
Grüneiche
Bischofswalde
Dürrgoy
Herdain
Kleinburg
Süd-Park
Scheitnig
Sand-Berg
Fürstenau

Striegau
Puschkau
Konradswaldau
Hausdorf
Thomaswaldau
Tschechen
Saarau
Hohen-Poseritz
Domanze
Klein-Mohnau
Zedlitz
Peterwitz
Kallendorf
Guhlau
Floriansdorf
Rosenau
Marxdorf
Queitsch
Neudorf
Strehlitz
Rogau
Ölse
Simsdorf
Königszelt
Würben
Bunzelwitz
Schmelwitz
Stephanshain
Qualkau
Ströbel
Zobten
Gorkau
Kl. Bielau
Striegelmühle
Freiburg
Zirlau
Alt-Jauernick
Großmerzdorf
Wilhau
Seiferdau
Zobten
718
Krotzel
Kaltenbrunn
Arnsdorf
Weizenrodau
Kändchen
Kunzendf.
Schönbrunn
Polsnitz
Schweidnitz
Ober-Alt-Liebichau
Kammerau
Goglau
Kl-Wierau
Gr-Tampadel
Geiers-B.
573
Groß-Silsterwitz
Nieder-Salzbrunn
Seifersdorf
Bögendorf
Kroischwitz
Pilzen
Költschen-Bge.
468
Endersdf.
Schlaupitz
Nieder-Weistritz
Schwengfeld
Kreisau
Pfaffendf.
Költschen
Langenöls
Ober-Hartau
Seitendorf
Hohgiersdf.
Burkersdf.
Esdorf
Gräditz
Ober-Langseifersdf.
Altwasser
Dittmannsdorf
Ober Weistritz
Gr.Höllen-B.
500
Ludwigsdorf
Faulbrück
Stoschendf.
Lauterbach
Waldenburg
Schenkendf.
Breitenhain
Leutmannsdorf
Harthau
Kol. Eichberg
Gr. Ellguth
Reußendf.
Ob. Leutmannsdorf
Stolbergsdf.
Neudorf
Bertholdsdorf
Olbersdorf
Dittersbach
Bärsdorf
Kynau
Ernsdorf
Reichenbach
Charlottenbrunn
Hausdf.
Hexen-St.
Michelsdf.
529
Brahmenkoppe
Peiskersdorf
Güttmannsdf.
Girlachsdorf
Lehmwasser
Erlenbusch
Tannhsn.
Jauernig
Heinrichau
Steinseifersdorf
Peterswaldau
267
428
Nimptsch
Waltersdf.
Reimswaldau
Wüstewaltersdf.
Hahn
756
Ndr. Peilau Schlössel
Mittel-Peilau
Ober-Peilau
Neudorf
Görbersdf.
Donnerau
Blumenau
808
Wolfs-B.
Zedlitzheide
Friedrichshain
Langer B.
928
Lomnitz
Dürrer B.
Ndr. Wüstegiersdorf
Dorfbach
Hohe Eule
1014
Steinkunzendf.
Langenbielau
Habendf.
Gnadenfrei
Östl. L. v. 19° 30' Greenw.
Larischhof
Tarnowitz
Naklo
Alt-Chechlau
Nowa-Wies
Mershenzize
Targoschize
Lubie
Xiondslas
Gr. Wilkowitz
Alt-Tarnowitz
Bobrownik
Sontschow
Broslawitz
Repten
Rudy-Piekar
Orzech
Taporowize
Semonja
Woikowize
Pniowitz
Trocken-B.
352
Koslowagora
Dombe
Peiskretscham
Kamienietz
Friedrichswille
Radzionkau
Dobeschowize
Trockenbg.
Deutsch Piekar
Strshischowize
Karchowitz
Stollarzowitz
Bobrowniki
Zawada
Ziemientzitz
Wieschowa
Rogosniki
Psary
Miechowitz
Woikowize
Schomberg
Brzezinka
Kamin
Grotkow
Pilzendf.
Karf
Beuthen
Roßbg.
Bobrek
Lagischa
Schakanau
383
Pschyschowka
Rokittnitz
Gr. Dombrowka
Grodsez
Schalscha
Mikultschütz
Schomberg
Maczeiko-Beingow
Bendin
Zernik
Biskupitz
Orzegow
Hohenlinde
Tscheliads
Petersdf.
Hindenburg
Godullahütte
Schlesiengrube
Chorzow
Michalkowitz
Dombrowa
Mathesdorf
Siemianowitz
Gleiwitz
Zaborze
Ruda
Lipine
Bittkow
Sagorsche
Friedenshütte
Schwientochlowitz
Königshütte
Laurahütte
Sosnowice
Richtersdf.
Sosnitza
Hohenlohehütte
Eichenau
Porombka
Paulsdf.
Bielschowitz
Antonienhütte
Domb
Ellguth-Zabrze
Kunzendf.
Neudorf
Friedrichsdf.
Bismarckhütte
Boguschütz
Rosdzin
Schönwald
Makoschau
Zalenze
Schoppinitz
Halemba
Kochlowitz
341
Modrschejow
Preiswitz
Klodnitz
Kattowitz
Janow
Myslowitz
Neudorf
Ellgoth
Brynow
Dabrowa
Gieraltowitz
Althammer
250
Knurow
Kl. Panow
Panewnik
Ochojetz
Brzenskowitz
Österreich
Chudow
Gr. Paniow
Petrowitz
Emanuelsegen
Kriewald
Smilowitz
Wessola
Birkenthal
Kostow
Wilcza
Schyglowitz
Bujakow
Kamionka
Kostuchna
Zarzytsche
352
Friedrich-Erdmannshöhe
Sosnowietz
Ornontowitz
Mokrau
Nikolai
331
Krassow
Russland

Heimatkunde der Provinz Schlesien

Die große Talsperre bei Marklissa.

Das Isergebirge ist die natürliche Fortsetzung des Riesengebirges und kann wegen seines eigenartigen Charakters als ein selbständiges Bild der Sudeten aufgefaßt werden. Die Gipfel liegen sämtlich in der Waldzone und ermangeln darum des Fernblicks. Die Naturstimmung ist idyllisch, oft plötzlich abgeschnitten durch laute Industrie in den Tälern.

Wald, Wasser und Wiese sind die Grundlagen der Volkswirtschaft. Im Gebirge selbst ist der Ackerbau fast unmöglich, Viehwirtschaft wiegt hier vor. Wald und Wasser gestatten den Betrieb von Schneidemühlen, Bleichereien, Färbereien und Webereien. So wurde die Industrie bis in stille Walddörfer getragen, und dem Verkehr näher liegende Orte haben sich schneller entwickelt.

Die Neuzeit hat einen früher unbekannten Erwerbszweig in der sogenannten "Fremden-Industrie" herausgebildet. Die Abgelegenheit des Isergebirges wird mehr und mehr gesucht von denen, die eine stille, idyllische Sommerfrische lieben. Am bekanntesten sind die Bäder Schwarzbach und Flinsberg. Letzterer ist ein Gebirgskurort, denn ringsum grüßen hohe Berge und interessante Punkte das lang ausgedehnte Gebirgsdorf, das eine Höhenlage von 530 bis 970 m hat. Das im Sommer angenehm feuchte Waldklima und die Heilquellen haben das "schlesische Engadin" zu einem stark besuchten Badeorte mit schönem Kurhaus gemacht.

Der Queis hat dem Städtchen Marklissa eine besondere Berühmtheit verschafft. Hier bildet er nämlich sein drittes rechtwinkliges Knie und wird bei Hochwasser besonders gefahrbringend. Deshalb ist eine große Talsperre erbaut worden, deren Mauer an der Sohle 39 m, oben 8 m stark und 40 m hoch ist. Bei Hochwasser wird das Becken schnell geleert, indem das Wasser durch sechs in den beiden Umlaufstollen eingemauerte Rohre abfließt. Ein Drittel des Beckens ist ständig gefüllt und wird zur Erzeugung elektrischer Kraft genutzt.

Flinsberg
ist ein viel besuchter Gebirgskurort. Das lang ausgedehnte Dorf mit seinen verstreuten Häusern wird auch das "schlesische Engadin" genannt.

Das Riesengebirge

Das Riengebirge ist der mittlere und höchste Teil der westlichen Sudeten. Um einen Überblick über das ganze Gebirge zu gewinnen, steigen wir auf die Koppe, die von Westen gesehen einer mächtigen, dreiseitigen, fahlen Pyramide gleicht. Ein Zickzackweg führt die steile Höhe hinan. Auf dem sturmumwobten Gipfel bieten zwei Gasthäuser, eines auf der schlesischen, eines auf der böhmischen Seite, dem Wanderer Schutz und Bewirtung. Zwischen beiden verläuft die Grenze.

Der etwas gewölbte Gipfel mißt von Ost nach West etwa 90 m, von Nord nach Süd etwa 50 m. Steil fallen die von lockeren Gesteinstrümmern bedeckten Lehnen nach Norden zu dem Melzer-, nach Süden zu dem Riesengrunde ab. Die beiden von der Koppe ausgehenden Bergzüge, die Schwarze Koppe im Osten und der Rosenberg im Süden, heben sich deutlich von ihr ab. Melzer- und Riesengrund schneiden so tief in das Innere des Gebirgskammes ein, daß nur ein schmaler, 100 m breiter Rücken den Fuß der Koppe mit dem Koppenplan verbindet.

Bereits im Böhmischen liegen die Bergmassen des Ziegenrücken und des Krkonosch sowie das Quellgebiet der Elbe. Wie mächtig sich das Gebirge erhebt, zeigt uns der Hirschberger Talkessel, der auf nur 350 m Meereshöhe liegt. Über 1000 m steigt der Riesengebirgskamm von hier aus an.

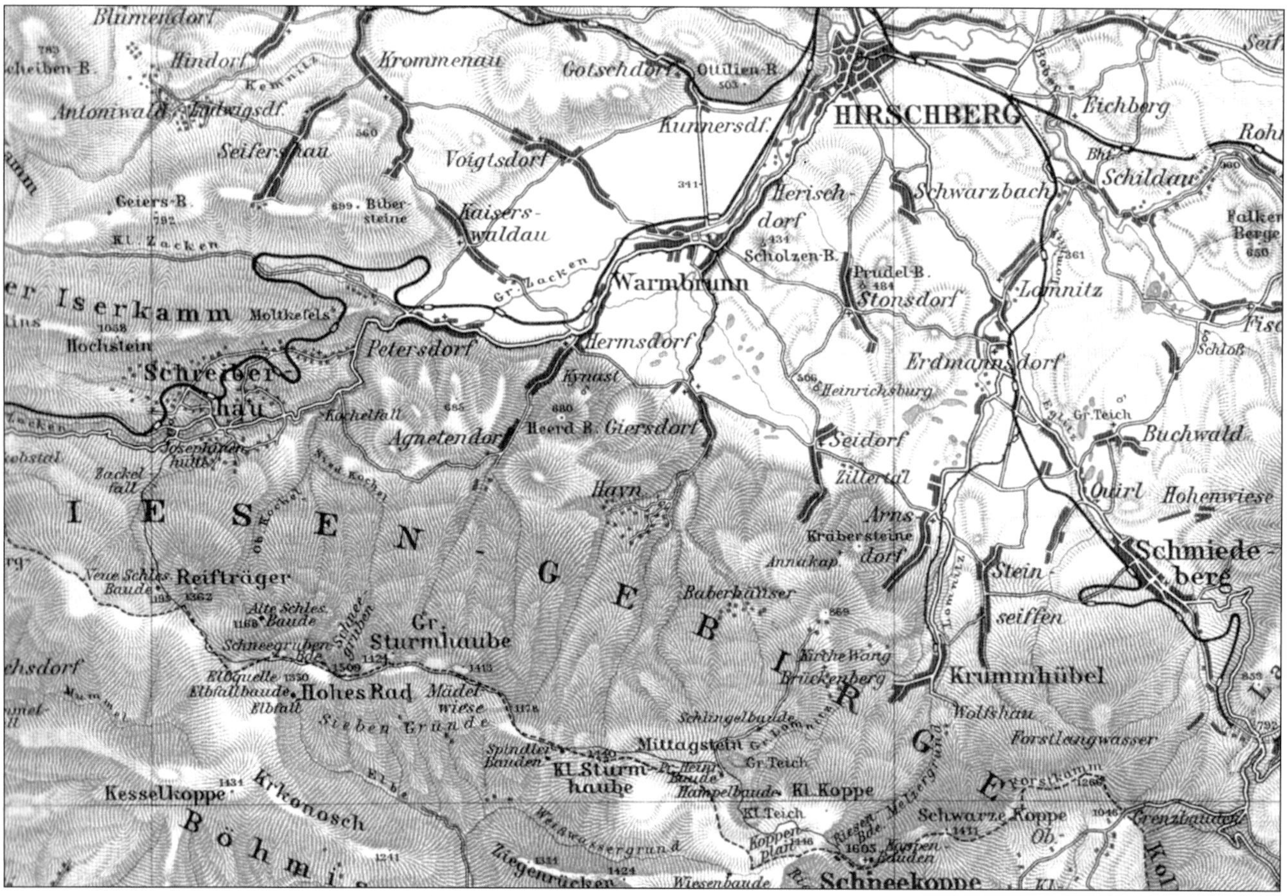

Die Schneekoppe

ist 1605 m, die im Westen anstoßende Hochwiese des Koppenplans 1420 m hoch. Nach der Baude beginnt der schmale Rücken, der Koppe und Koppenplan verbindet. Weitere hochragende Gipfel sind die Kleine und Große Sturmhaube, die Mädelsteine, das Hohe Rad und der Reifträger.

Schreiberhau
ist ein 700 m hoch gelegener Kurort und besteht aus villenreichen Häusergruppen.

Ein sehr beliebter Teil des Riesengebirges ist der schlesische Kamm, der sämtliche Eigenheiten des Gebirges gedrängt enthält. Auf einer Kammwanderung von Westen nach Osten gehen wir von Schreiberhau, dem villenreichen, 700 m hoch gelegenen Kurorte, der aus 31 Häusergruppen in zerstreuter Lage besteht, aus und wandern im Zackentale, vor das sich kulissenartig der Zackenkamm (Teil des Hohen Iserkammes) legt.

In Josephienhütte treffen wir die berühmte Glashütte, die vom Grafen Schaffgotsch im Jahre 1841 hier angelegt wurde. Auf dem Hauptweg gehen wir zur Zackelklamm, einem romantischen Engtale von 100 m Länge mit viel Geröll. Am Ende der Klamm sieht man den 26 m tiefen Zackelfall. Beeindruckt von diesem prachtvollen Naturschauspiel schreiten wir weiter durch den Wald und erreichen die "Neue Schlesische Baude", um weiter hinauf zum Reifträger zu gelangen. Die Abhänge des Berges tragen nur Knieholz und Flechten. Merkwürdige Felsblöcke begegnen dem Blick hier und weiterhin, so die Sau- oder Schweinesteine südlich vom Reifträger.

Die weitere Wanderung führt uns über das Hohe Rad, einem flachgewölbten Schotterberg, mit dem Malhügel zum Andenken an Kaiser Wilhelm I., dann wieder durch Knieholz zur spitzkegeligen Großen Sturmhaube und dann hinab zur Mädelwiese, der einzigen Stelle des Kammes mit Hochwald.

Auf der Kleinen Sturmhaube genießen wir die schöne Rundsicht und lenken dann die Schritte bei den mächtigen Mittagssteinen vorüber zur Rast in der Prinz Heinrich-Baude bei dem Großen und Kleinen Teich. Die Teiche sind mit Wasser gefüllte Felskessel mit steilen Rändern. Der Große Teich ist beachtliche 551 m lang, 172 m breit und am Südrande 23 m tief; der Kleine Teich 220 m, 150 m und 6 m.

Wir überschreiten jetzt den Koppenplan über seine blumige und feuchte Hochwiese.

Die malerische Zackelklamm
bei Schreiberhau. Die Klamm ist 100 m lang und endet im Zackelfall. Hier stürzen die Wassermassen 26 m tief.

Die Koppenhäuser der Schneekoppe.

Der scharfe Grat des Ziegenrücken.

Vor uns liegt nun der mächtige Gipfel der Schneekoppe, dessen charakteristischen Pflanzenwuchs das rötliche Veilchenmoos bildet. Der Gipfel trägt die aus dem 17. Jahrhundert stammende Laurentius-Kapelle, eine schlesische und böhmische Baude und seit 1899 die Meteorologische Station mit ihrem 14 m hohen Turm. Die wundervolle Aussicht über den Melzergrund im Norden oder den südlichen Riesengrund geht an klaren Tagen bis Breslau bzw. Prag. Hier oben fällt im Durchschnitt an 193 Tagen Regen und an 85 Tagen Schnee. Ferner werden verzeichnet 263 Tage mit Nebel und 107 Tage mit Sturm. Das Gefühl auf dem höchsten Sudetengipfel zu stehen, läßt das Ungemach vergessen. Mit der Übersteigung der Schwarzen Koppe stehen wir vor dem Abschluß der Kammwanderung. Der Weg geht zu den Grenzbauden und hinunter nach Schmiedeberg.

Von dem östlichen Ende des Riesengebirges, dem Paß an den Grenzbauden, zieht nach Norden der Landeshuter Kamm, das liebliche Hirschberger Tal im Osten abschließend.

Bis in den Sommer
hinein liegt noch der Schnee in den sog. tief herabfallenden Schneegruben.

Die Kleine Sturmhaube
mit der Spindlerbaude.

Nebelverhangen der Große Teich
mit Prinz Heinrich-Baude.

Die mächtign Mittagssteine
sind über 12 m hohe und zerklüftete Felsblöcke.

Wundervoller Blick in den Riesengrund.

Malerisch gelegene Bauden im Riesengebirge.
Oft haben die Bauden nur einen Wohnraum.

Die Ansiedlungen auf dem höchsten, waldfreien Teile des Riesengebirges sind die Bauden. Sie sind teils Winter-, teils Sommerbauden; die letzteren sind nur im Sommer bewohnt und dienen besonders zur Aufnahme des Viehes bei ungünstigem Wetter. Es sind Blockhütten, die auf einem steinernen Unterbau ruhen und vielfach sich an den Hang eines Berges anlehnen. Den Hauptteil des Hauses nehmen die Viehställe ein.

Kirche Wang.
Ursprünglich eine alte Kirche aus Norwegen. Friedrich Wilhelm IV. ließ sie dort abbrechen und nach Schlesien bringen.

Einen romantischen Anblick bieten auch die sich den Hängen hinaufziehenden Ortschaften Schreiberhau, Agnetendorf, Hain, Giersdorf, Seydorf, Krummhübel und Brückenberg. Diese werden Jahr für Jahr von Sommerfrischlern aufgesucht. Anziehungspunkt in Brückenberg ist die eigentümliche Kirche Wang.

Am Austritt des Bobers aus dem Hirschberger Tale liegt die gleichnamige Stadt Hirschberg. Große Fabriken für Holzzementbedachung, Papier und Maschinen sind hier ansässig. Außerdem blüht an Stelle der früheren Schleierfabrikation ein schwunghafter Leinen- und Holzhandel. Hirschbergs sprichwörtlich gewordener Reichtum baute 1709 - 1718 die kostbare Gnadenkirche. Vor den Toren Hirschbergs liegt mitten im Tale das durch seine warmen Quellen weithin bekannte Bad Warmbrunn. Es verfügt über alkalisch-salinische Schwefelquellen von 35 - 45°.

Das weit verstreute Dorf Spindelmühl.

Lang hin zieht sich Krummhübel.

Links der Hirschberger Ring
mit seinen typischen Laubengängen, in der Mitte die prachtvolle Gnadenkirche und schließlich ein Bild vom regen Treiben auf dem Hirschberger Markt.

Die natürlichen Grundlagen des Erwerbslebens sind im Riesengebirge der Wald, das Wiesenland und das Wasser; erst dann ist der Ackerbau und die Viehzucht zu nenen. Auch ist der Fremdenverkehr für viele Familien einträglich.

Die Holzschlägerei spielt auch heute noch bei vielen Arbeiterfamilien eine große Rolle. Die Männer "rücken" im Winter auf Schneebahnen die Holzvorräte aus dem Sommer zu Tale; Frauen und Kinder sammeln im Walde Beeren, Pilze und Moos. Das Waldgras wird zu Polsterzwecken verkauft. Auch die Holzschnitzerei ist noch zu finden.

Flurstreifen mit Flurmauern
aus Rodungssteinen bei der Ortschaft Hain.

Hermsdorf *mit Kynast-Panorama. Die sagenumwobene Burgruine auf dem 657 m hohen Berg ist ein beliebtes Ausflugsziel.*

Die weitaus vorherrschende Wirtschaftsform ist jedoch die Industrie, die in den verschiedensten Klein- und Großbetrieben die starke Besiedelung des Hirschberger Tales möglich machte. So wird in Schmiedeberg in der Grube Bergfreiheit Magneteisenerz abgebaut. Auch bedeutend ist die Josephienenhütte, die einen großen Umkreis glasschleifender Bevölkerung erhält. Über 500 Arbeiter stellen hier Luxusglas erster Güte her.

In Schreiberhau gibt es dazu noch 22 von Wasserkraft bewegte Glasschleifereien. Auch ist mit vielen Beschäftigten die alteingesessene Textil-Industrie im Hirschberger Gebiete tätig. Leinen-Spinnereien und Webereien bestehen z. B. zu Erdmannsdorf und in Hirschberg. Damit hängen zusammen die Wäsche-, Kleider- und Schürzenfabrikation zu Hirschberg und Schmiedeberg sowie die große Bleicherei zu Arnsdorf. Ferner gehört in diesen Kreis der Großindustrie die Teppich- und Spitzenfabrikation in Schmiedeberg. Weitere wichtige Zweige sind die Papier- und Maschinenindustrie.

Ortsbilder von Arnsdorf.
Oben vom Kulmitzberge aus gesehen. Sehr schön sind im Hintergrund die Falkenberge zu sehen. Rechts mit Hochgebirge im Hintergrund.

Die Burgruine Kauder bei Bolkenhain.

Die prächtige Bolkoburg
ist die am Besten erhaltenste Burg Schlesiens und überragt das Städtchen Bolkenhain. Von hier aus hat man einen wundervollen Blick in das wellige "Land der Burgen".

Das Naturbild dieses schönen Vorgeländes ist teilweise richtig gebirgsartig. Ihm sind noch steile Kämme mit aussichtsreichen Gipfeln eigen. Das Bober-Katzbach-Gebirge enthält drei sehr romantische Täler, die man zu den schönsten Schlesiens zählen muß; es sind das Bobertal, das Katzbachtal und das Tal der Wütenden Neiße.

Das Bobertal ist besonders schön. Der Bau der Bobertalsperre bei Mauer und der 33 km langen Bobertalbahn Hirschberg - Löwenberg hat zur Entdeckung seiner prachtvollen Naturschönheiten geführt. Unmittelbar vor der Talsperre tritt die Bahn aus einem 155 m langen Tunnel hoch über dem Wasser heraus. Kurz vor dem Haltepunkt "Talsperre Bober" befindet sich das größte Bauwerk der Strecke, eine über 130 m lange eiserne Brücke. Drei Tunnel befinden sich auf der Strecke; der längste ist mit 320 m kurz vor Lähn.

Das Katzbachtal ist ebenfalls sehr schön; es zeigt auf schmalem Talboden liebliche Dörfer, Flußauen, den Eisenbahndamm und die Kunststraße. Schlangenförmig muß sich hier die Bahn von Ufer zu Ufer winden und bietet dem Reisenden einen beeindruckenden Anblick. Südlich von Bolkenhain entspringt die Wütende Neiße, die sich auf dem nur 25 km langen Oberlauf 300 m tief hinabstürzt und so ihren Namen begründet.

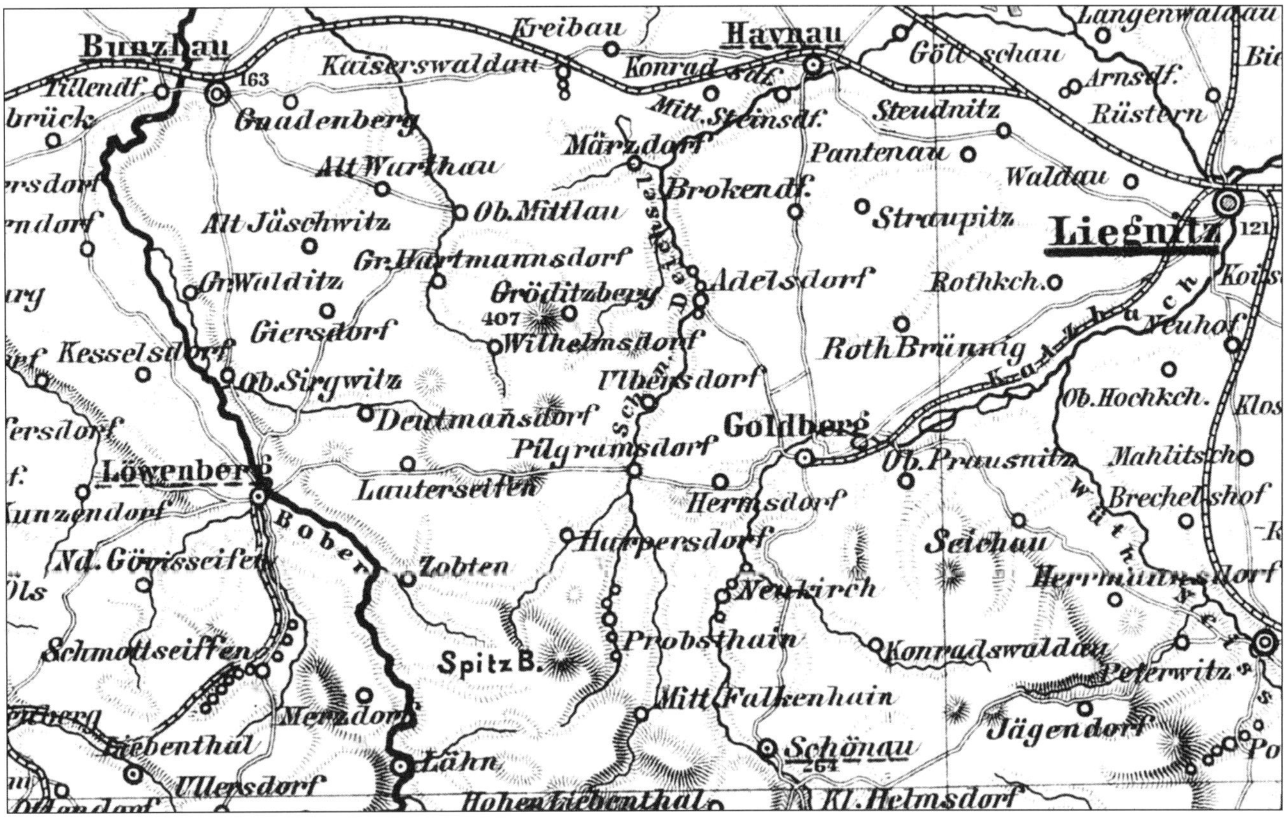

Im engen Zusammenhange mit Wald, Wasser und Gesteinen steht die Wirtschaft dieser Gegend. So nutzt bei Wehrau eine Holzstoff-Fabrik die Wasserkraft aus, so wie es auch durch die Mühlen im Katzbachtale geschieht. Marmor wird bei Kauffung gebrochen, Gips bei Löwenberg, Basalt bei Goldberg und bei Boberröhrsdorf gewinnt man weiße Kalksteine. Kupfer und Eisen wird an der Eisenkoppe und Zement bei Neukirch gewonnen. Die Ton- und Lehmlager bei Naumburg a.Qu. und Bunzlau haben dort Schamotte-Fabriken und eine blühende Töpferindustrie hervorgerufen.

Die Stadt Bunzlau
ist bekannt durch ihre Tonwaren.

Rathaus zu Löwenberg.

Die zahlreichen Kleinstädte des Gebietes sind größtenteils alte deutsche Siedlungen und jede mit vielfältiger Industrie. Hannau an der Schnellen Deichsel erzeugt Handschuhe und Raubtierfallen. Bolkenhain besitzt eine große mechanische Weberei, die über 1 000 Arbeiter beschäftigt, Lähn eine Uhrgehäusefabrik und eine Kaltwasserheilanstalt. Schönau betreibt Forellenzucht.

Eigenartig sind die an den Flußläufen langgestreckten Zeilendörfer; so ist Kauffung, wo die Marmorbrüche sind, 6 km lang, und an der Schnellen Deichsel bilden elf zusammenhängende Dörfer die "Lange Gasse". Diese ist 30 km lang und hier leben mehr als 8 000 Einwohner. Erwähnenswert ist auch das der Stadt Bunzlau gegenüberliegende Tillendorf, hier ist der Sitz einer schwunghaft betriebenen Töpferei.

Durch den fruchtbaren Ackerboden, die feuchten Wiesen gestatten eine ergiebige Landwirtschaft, begann die Industrie mit der Herstellung von Leinwand. Lauban ist Sitz der blühenden Industrie. Bleichereien, Wollspinnereien und Tuchfabriken gibt es in Goldberg und Löwenberg. Im Queistale hat sich eine rege Dachschieferplatten-Industrie heimisch gemacht. In der Grube "Dennoch mit Glück auf" im Kreise Löwenberg wird auch Arsenik gewonnen.

So ist das Wirtschaftsleben dieser Täler und Mulden ein recht reges und die Bevölkerung darum ziemlich dicht. Zudem führt die Bahn von Goldberg nach Löwenberg und nach Merzdorf eine große Zahl von Ausflügler her, die das überaus burgengeschmückte Land aufsuchen.

Sammelpunkt des gesamten Gebietes ist das am Rande der Gebirgsschwelle gelegene Liegnitz. Die alte Piastenstadt vermittelt als Eisenbahnknotenpunkt den Verkehr nach allen Richtungen durch sechs Linien. Alt ist hier die Tuch- und Wollwarenfabrikation, jünger dagegen ist die Maschinen- und Möbelherstellung. Großer Berühmtheit erfreuen sich die Hersteller von Musikinstrumenten.

Katzbachtal mit Brücke nach Hermsdorf.

Ansicht von Goldberg mit Bahnhof.

Der Getreidemarkt mit Ringansicht.

Sehr alt ist auch die Kräuterwirtschaft rings um die Stadt Liegnitz, aus der sich ein blühender Handel entwickelt hat. Auf den "Goldfeldern" von Liegnitz werden namentlich angebaut: Gurken, Zwiebeln, Kraut, Blumenkohl, Sellerie, Kartoffeln und Mohrrüben. Tausende von Zentnern gehen jährlich nach den Großstädten und nach dem Auslande. So gehen Zwiebeln nach England und Weißkraut nach Österreich.

Viel besucht sind auch die Getreidemärkte, die wöchentlich abgehalten werden. Sehenswert sind in der Stadt Liegnitz die St. Peter und Paul-Kirche, die Johanniskirche mit dem Piasten-Mausoleum, die Ritterakademie, das neue Rathaus und vor allem die unübertroffenen Promenaden der "Gartenstadt".

Das ehrwürdige Piastenschloß in Liegnitz.

Das alte Rathaus am rechtwinkligen Ringe - wie er in den schlesischen Städten überall gleich ist - wurde 1734 - 41 erbaut und ist durch zwei schöne Freitreppen geziert. Auf dem Ringe sind zwei Röhrbrunnen beachtenswert. Der ältere steht am Fischmarkte und ist durch eine Meerjungfrau geschmückt, der andere steht vor der St. Peter und Paul-Kirche und wird von Neptun geziert.

Das Schloß vom Kohlmarkt aus.

Die Frauenstraße in Liegnitz.

Der Glogauer Torturm.

Das mächtige Schloßtor.

Die Kirche St. Peter und Paul.

Das Gebiet des Waldenburger Berglandes erscheint wie eine Stufe zwischen dem Tieflande der Oder und dem Riesengebirge. Es ist eine 400 - 500 m hohe, anmutige Berglandschaft, die mit zerstreuten Bergzügen, Berggruppen und einzelnen Bergen erfüllt ist. Etwa in der Mitte des Waldenburger Kreises auf dem sogen. Kuh- oder Paßplane zwischen den Dörfern Althain, Steinau und Reimswaldau entspringen die das Bergland gliedernden wichtigsten Talläufe; nach Südwesten zieht die Glatzer Steine, nach Nordwesten der Lässigbach, nach Norden der Hellebach, nach Osten das Reimsbachtal. Bei Friedland liegt das Grenzgebirge, das im geschlossenen Zuge bis Neurode verläuft und die Grenze von Schlesien und Böhmen trägt. Das liebliche, dichtbewaldete Dreiwassertal wird gekrönt vom 816 m hohen Hornschloß. Nicht weit entfernt erhebt sich mit 936 m der Heidelberg, der die höchste Erhebung im ganzen Waldenburger Gebiet ist.

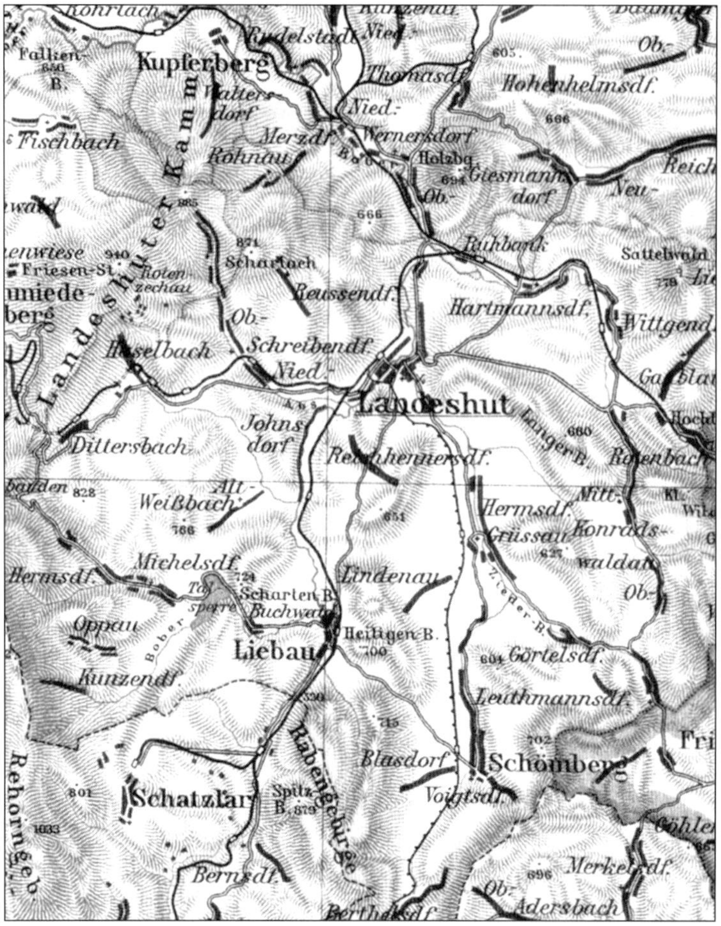

Die Umgebung von Landeshut in der Vergrößerung.

Östlich vom Reimsbachtal und zwischen Weistritz und Hellebach erstrecken sich die Waldenburg-Charlottenburger Berge mit dem Ochsenkopf, durch welchen der 1 600 m lange Tunnel der Gebirgsbahn führt. Die Landeshuter Gegend wird eingefaßt vom Landeshuter Kamm und vom Rabengebirge.

Eine Besonderheit aber bildet der in der Nähe von Freiburg gelegene Fürstensteiner Grund, in welchem alles Großartige und Liebliche des schlesischen Gebirges, herrliche Schöpfungen der Natur und von Menschenhand, wie in einem Bild vereinigt erscheinen. Dieses wunderschöne Tal wird donnernd und schäumend von der Polsnitz durchflossen und an den waldumkränzten Uferhöhen blicken das alte und das neue Fürstensteiner Schloss hinab in den stillen Grund.

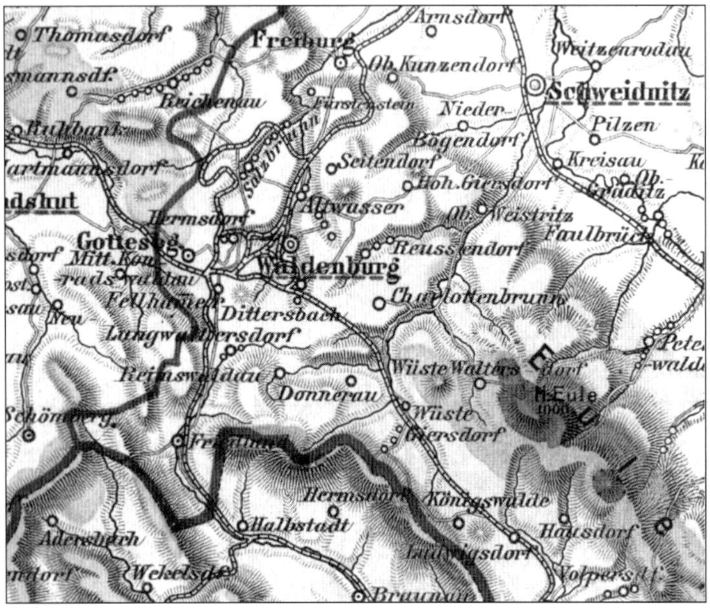

Das Gebiet des gesamten Waldenburger Berglandes.

Das prachtvolle Fürstensteiner Schloß.

Bobertalsperre bei Buchenwald.

Die Textilindustrie ist neben des Kohlebergbaus im Kreise Landeshut der zweitwichtigste Beschäftigungszweig. Die Zahl der Maschinenwebstühle beträgt im ganzen Waldenburger Land über 11 000 und in vier Garnspinnereien gibt es 34 000 Spindeln. Die größten Fabriken und Bleichereien sind zu Wüstegiersdorf und Tannhausen. Die Handweberei dagegen geht immer mehr zurück. Waren 1850 noch 20 000 Handweber beschäftigt, so sind es Anfang des Jahrhunderts nur noch 3 500 Beschäftigte. Kleider, Schürzen, Blusen und Tischdecken werden gefertigt.

Ansicht von Haselbach.

In den Ebenen des Waldenburger Berglandes wird Ackerbau betrieben. Doch infolge der gebirgigen Beschaffenheit beschäftigt dieser nur einen Teil der Bevölkerung. Dabei sind die Erträge bei der hohen Lage und dem rauhen Klima gering. Doch geben die klaren Gebirgsbäche vortreffliche Bleichplätze ab; denn schon früh mußte die Weberei den Lebensunterhalt der Leute bestreiten helfen. Im westlichen Teile ist Landeshut am Bober der Mittelpunkt der Leinwandweberei, die als Handweberei immer noch die Hauptbeschäftigung der Landbevölkerung ist; in Landeshut selbst überwiegt die mechanische Weberei den Handbetrieb wie auch in den kleineren Städten Liebau und Schömberg. Das Städtchen Schömberg hat ein wunderschönes Stadtbild mit Laubengängen.

Landeshut.

Schömberg

ist ein kleines Städtchen an der Grenze zu Böhmen. Auch hier herrschen die Reihendörfer vor, wie auf der Karte sehr schön zu sehen ist. Zauberhaft sind die schönen Laubenhäuser.

Die Erwerbsquelle, die die meisten Menschen ernährt, ist der Bergbau mit seinem Zentrum in Waldenburg. Das Landschaftsbild ist durch den Bergbau und die damit zusammenhängende Industrie stark verändert worden. Aus den Tälern ragen riesige Schlote und Schachttürme heraus. Der Qualm der Schornsteine verrät ebenso, wie die vielen geschwärzten Häuser und Arbeiter, denen man begegnet, daß hier eine hochentwickelte Industrietätigkeit im Gange ist. Im Waldenburger Kohlenrevier bestehen neun Kohlenschächte, die jährlich über 4 Mill. Tonnen Steinkohle fördern. Davon sind die größten Gruben die "Vereinigte Glückhilf-Friedenshoffnung-Grube" und die "Konf. Fürstensteiner-Grube". Die Belegschaft aller Gruben beträgt 20 000 Personen, die in Waldenburg, Altwasser, Dittersbach, Weißstein, Hermsdorf, Fellhammer und Gottesberg wohnen.

Endlich sind noch diejenigen Industrien nennenswert, denen der Wald das Material liefert. Das ist die Uhrenfabrikation in Freiburg, die 1 200 Arbeiter beschäftigt und ihre Produkte in alle Welt verschickt. Ferner sind zu nennen die Holzstiftefabrikation, die Bürsten- und Papierfabrikation in Friedland, die Herstellung von Möbeln, Holzrouleaus und Jalousien, Spiegeln und Kisten. Auch der Fremdenverkehr ist im Waldenburger Gebiet in der Blüte; die Sommerfrischen, Bäder und Kurorte wie Salzbrunn, Charlottenbrunn und Görbersdorf ziehen viele Gäste an. Der Versand von Brunnenwassern ist hier stetig steigend. In Salzbrunn hat man 1903 über 1 Mill. Flaschen gefüllt.

Der malerisch gelegene Kurort Görbersdorf.
Zu erreichen ist der Ort mit der Paßbahn, die von Fellhammer bis nach Friedland führt.

Die Elisenhalle in Bad Salzbrunn.
Der Ort besteht aus Nieder- und Ober-Salzbrunn und ist Schlesiens besuchtester Kur- und Badeort.

Das schöne Rathaus zu Waldenburg.

Der Waldenburger Marktplatz.

Das Landschaftsbild von Waldenburg
ist geprägt vom Steinkohlenbergbau. Überall ragen Schlote und Fördertürme in den Himmel.

Fränkisches Gehöft
mit Holzbrücke, Torlinden und Torbogen aus dem Eulengebirge.

Eine besondere Zierde des Eulengebirges ist das "Schlesiertal" mit der 450 m hoch gelegenen Kynsburg.

"Eulendörfel".

Zwei mächtige Urgebirgsrücken, das Eulen- und Adlergebirge, bilden die Eckpfeiler des Glatzer Berglandes im Norden und Süden. Bei Silberberg führt der einzige bequeme Übergang über den südlichen Teil des Gebirges. Es ist die Straße von Frankenstein nach Glatz, die an ihrer höchsten Stelle 561 m erreicht. Im siebenjährigen Kriege haben hier österreichische und preußische Truppen wiederholt das Gebirge überstiegen. Mit Ascherkoppe (856 m), Sonnenkoppe (967 m) und der Hohen Eule (1014 m) hat das Eulengebirge seine höchsten Erhebungen.

Die flachgewölbten Gipfel überragen den Kamm nur wenig, und die Pässe reichen nicht unter 700 m herab.

Am ganzen Westrande des Eulengebirges hat sich ein lebhafter Bergwerksbetrieb und eine mannigfaltige Fabriktätigkeit entwickelt. Außer der Förderung von Steinkohlen und der Ausbeutung der Kalklager zu Bau- und Düngezwecken erstreckt sich der Bergbau auch auf die Gewinnung von Eisenerzen, die hier geröstet und dann an die oberschlesischen Eisenhütten abgesetzt werden.

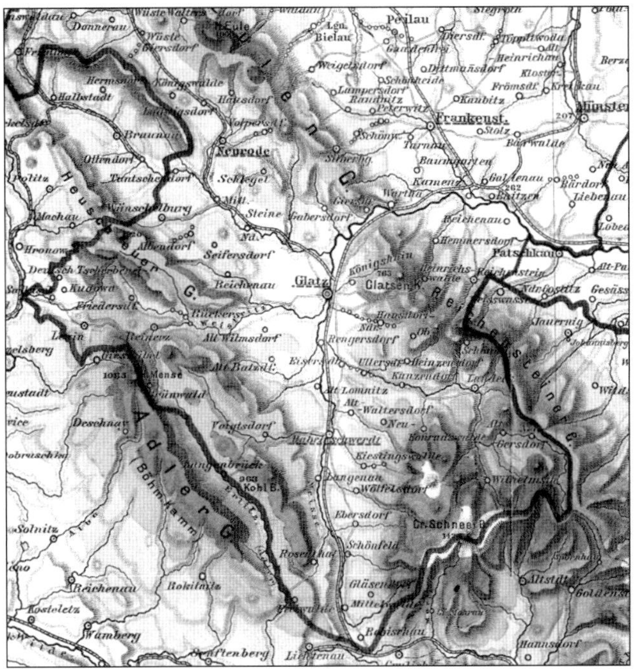

Glatz
wird bereits im 10. Jahrhundert als festes Kastell genannt und war als sehr stark befestigter Ort im Siebenjährigen Kriege Stützpunkt der Österreicher.

Das Gebirge des Südwestsaumes der Grafschaft Glatz bildet außer der Hauptmasse des Adlergebirges den Grundstock des Habelschwerdter Gebirges. Das Adlergebirge bildet einen geschlossenen Bergrücken, der bis auf seine höchsten Gipfel mit dichtem Nadelwald bedeckt ist. Hier ist Grunwald, das höchste Dorf nicht nur in ganz Schlesien, sondern des gesamten preußischen Staates. Das Habelschwerdter Gebirge hat mit dem Heidelberge (978 m) seinen höchsten Gipfel. Der Kapuzinerberg ist 896 m hoch und an seinem Fuß lehnt sich der Ort Pohlsdorf.

Wild zerklüftete
und wundersam geformte Gesteinsformationen prägen das Heuscheuer Gebirge . Das "beladene Kamel" ist beliebter Aussichtspunkt.

Bei Neu-Heide beginnt das Heuscheuergebirge als eine mächtige Tafel, die 2-3 km breit nordwestwärts in einer Länge von 15 km bis an die Grenze streicht. Wie steile Mauern steigen, von Wünschelburg aus gesehen, die Felswände empor, vielfach geborsten und zerrissen. Die Krone dieses sehenswerten Felsengebirges, ist die Heuscheuer mit 919 m Höhe. Sie bildet, ringsum fast senkrecht 120 - 170 m hoch aufsteigend, nur durch eine Schlucht getrennt, die Große und die Kleine Heuscheuer. Diese wurden durch die Einwirkung der Atmosphärilien zu den wunderlichsten Formen umgestaltet.

Da erblickt man das Profil Friedrich Wilhelms IV., das beladene Kamel, den Mohrenkopf und andere merkwürdige Gesteinsformen. Der Ausblick von dem höchsten Punkte, dem Großvaterstuhl, ermöglicht einen herrlichen Ausblick in die wilde Zerklüftung der nächsten Umgebung.

Nach Süden hin steigt das mächtige Glatzer Schneegebirge empor. Seine gewaltige Höhe erreicht im Großen Schneeberg 1424 m. Dieser trägt die Grenze der Länder Mähren, Böhmen und Schlesien. Vom Osten her wird die Graftschaft Glatz durch das Reichensteiner Gebirge begrenzt. Somit ist das Glatzer Ländchen auf drei Seiten von hohen Gebirgsrücken eingeschlossen.

Das Schlesiertal,
wunderschön gelegen im Eulengebirge.

Das Städtchen Habelschwerdt an der Neiße.

Blick von Langenbielau nach Westen auf das Eulengebirge.
Östlich vom größten der Weberdörfer Mittelschlesiens, die vom Gebirgsrand an den Wasserläufen sich in gewaltiger Länge hinziehen, öffnet sich ein umfassender Blick auf das Eulengebirge. Der 35 km lange, sanftwogende Kamm wird von hochansteigenden Straßen überschritten.

Glatz mit seiner mächtigen Festung.

Die Niederstraße in Glatz
mit ihren dicken Mauern und Torbogen.

Als Endpunkt der Breslau-Mittenwalder Bahnlinie hat auch der Verkehr eine wesentliche Zunahme zu verzeichen. Von Glatz aus geht der Zug der Badegäste auf Nebenbahnen nach Landeck und Reinerz.

In der Nähe des kleinen Wünschelburg liegt der Wallfahrtsort Albendorf; in diesem Orte und um ihn herum haben Berge, Flüsse und Teiche biblische Namen erhalten. Zwei Eigenschaften sind in der Grafschaft besonders zu finden: der "alte fromme Gottesglaube und das gute Gemüt". Fast überall begegnet man den Zeichen eines religiösen, frommen Sinnes; fast in jedem Dorfe steht ein Gotteshaus. Besonders an Wegkreuzungen ist oft ein Kreuz, eine Statue oder eine Kapelle errichtet.

Die Mariensäule in Glatz.

Die größeren Orte der Graftschaft Glatz finden sich an ihrer Hauptader, der Neiße, welcher auch die Breslau-Mittenwalder Bahn mit dem Anschluß nach Wien und Prag folgt. Mittenwalde ist Zoll- und Grenzstation und Mittelpunkt der Garn- und Leinenindustrie für die ganze südliche Ecke der Grafschaft. Ein weiteres Zentrum ist Habelschwerdt, hier befindet sich eine blühende Holzindustrie mit umfangreichem Holzhandel. Hauptort ist jedoch Glatz. Von den Fesseln der Steinmauern und Wälle befreit, dehnt sich Gratz immer mehr aus und gewinnt an wirtschaftlicher Bedeutung. Eine Maschinenfabrik, zwei Cigarrenfabriken und ein bedeutender Getreidemarkt weisen auf das Aufstreben der Stadt in Industrie und Handel hin.

Der Roßmarkt.

Bergdorf in der Gegend von Glatz.

Heuscheuer mit Schweizer-Haus.

Zwischen dem Ostrande der Sudeten und dem Obertieflande breitet sich eine mannigfach gestaltete Vorgebirgslandschaft aus, die von Nordwesten her bis etwa in die Gegend von Reichenstein scharf vom Gebirge sich absetzt, von da an jedoch allmählich mit dem Gebirge verschmilzt. Die Vorberge südlich der Neisse werden durch den Unterlauf der Freinwaldauer Biele und durch die Oppa von dem Gesenke geschieden und bilden zwischen den Oberläufen der Oder, Zinna, Hotzenplotz und Falkenberger Steine ein niedriges Hügelland. Im der Gegend von Neustadt und westlich von Leobschütz befindet sich ein romantischer Waldgrund, der wegen seiner Felspartien die oberschlesische Schweiz genannt wird. Das Hügelland ist über die gesamte Strecke eine höchst ergiebige Fruchtlandschaft. Hier findet man einen wohlhabenden Bauernstand.

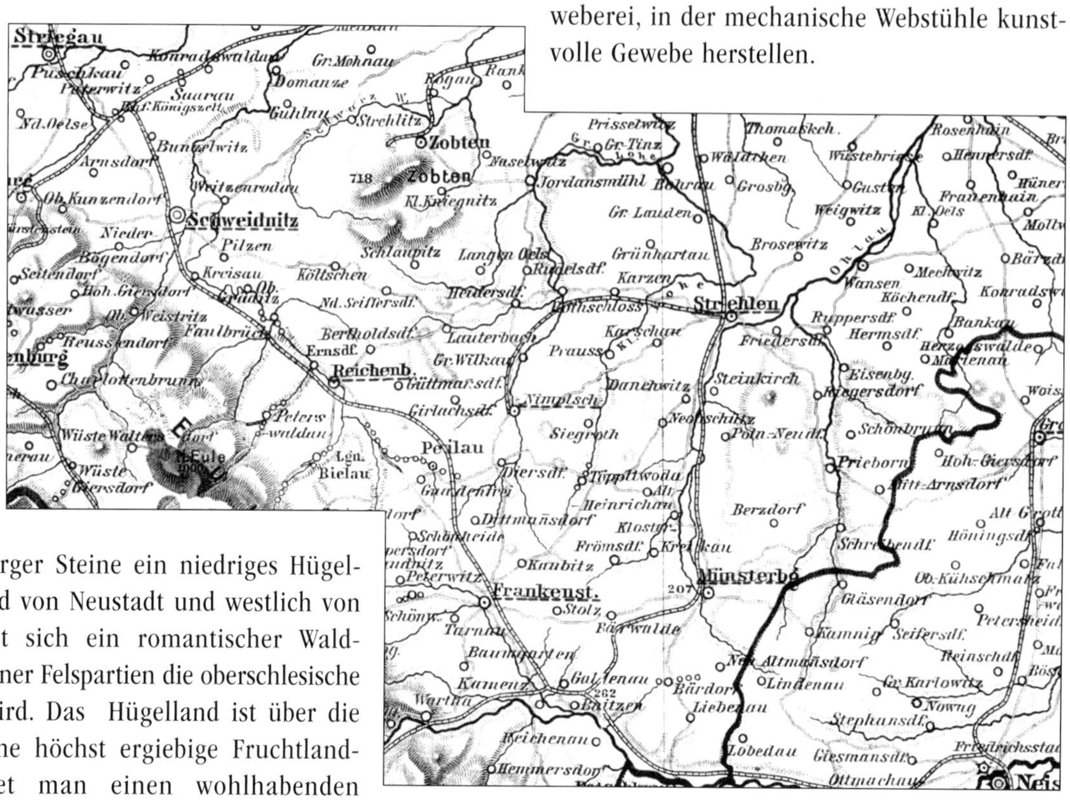

Das riesige Gebiet der Vorberge der Sudeten erstreckt sich von Striegau über Schweidnitz, Reichenbach, Frankenstein bis Neiße und von da aus nach Neustadt und Leobschütz, bis hin nach Ratibor und Hultschin. Ackerbau und Industrie sammeln hier eine zahlreiche Bevölkerung. Von den Städten sind Neustadt und Leobschütz die südlichsten größeren Städte, die am Ostfuße der Sudeten sich hinziehen. Leobschütz hat wegen seiner Lage mitten in der fast durchweg Ackerbau treibenden Bevölkerung einen bedeutenden Getreidemarkt, eine Anzahl von Zuckerfabriken und eine große Wollwarenfabrik. Neustadt besitzt die Fränkelsche Kunstweberei, in der mechanische Webstühle kunstvolle Gewebe herstellen.

Die sehr schöne Zobtenbaude.

Das schmuckvolle Kämmereigebäude in Neiße.

Neiße
wird auch das "schlesische Rom" genannt. Zwölf prächtige Kirchen befinden sich in der alten Bischofsstadt.

An der Glatzer Neiße, da wo die Freinwaldauer Biele mündet und die Neiße selbst nordwärts zur schlesischen Ebene sich wendet, liegt die Stadt Neiße. Wir befinden uns hier im Zentrum eines mittelalterlichen Bischofslandes, im sogenannten "schlesischen Rom". Die Stadt grüßt mit mächtigen Türmen und einem kirchlichen Charakter, den das Stadtbild mit seinen Kirchen und Heiligenstatuen zum Ausdruck bringt. Zwölf Kirchen können wir besuchen, von denen die prachtvolle Pfarrkirche zum Heiligen Jakobus mit 43 Altären, 20 Kapellen und reichem Kunstschmuck der größte Anziehungspunkt ist.

Die alte Stadtmauer
von Patschkau.

Das schöne Renaissance-Haus am Ring ist das Kämmereigebäude und ein Zierstück der Stadt. Der Eichendorff-Platz erinnert daran, daß Schlesiens großer Romantiker 1855 bis 1857 hier lebte. Friedrich der Große hatte Neiße zu einer Festung ersten Ranges erhoben. Heute ist viel modernes Leben eingezogen: Maschinenfabriken, Märkte, Wasser- und Pulvermühlen in der Nähe gestalten den Ort mehr und mehr modern.

Von Neiße aus erreicht man mit der Bahn die Orte Ottmachau und Patschkau. Beide sind alte Bischofsstädte und von Rüben-, Weizen- und Wiesenland umgeben. Die Bevölkerung treibt hier regen Ackerbau, der zur Wohlhabenheit der Orte geführt hat. In Ottmachau finden wir ein über der Neiße gelegenes Schloß. Hier wohnten für längere Zeit die Bischöfe und man erzählt sich, daß die kleine Besatzung von Ottmachau erst den Kanonen wich, als Friedrich II. Schlesien besetzte. Auch ein Kollegiatstift hatte der Ort, das jedoch 1477 nach Neiße verlegt wurde.

In Patschkau, der kleinen Ackerbaustadt, gibt ein Besuch des umfangreichen Kämmereiwaldes Aufschluß über die Wohlhabenheit des Ortes; er ist ein Geschenk des Bischofs aus dem 15. Jahrhundert.

Schmuckvolle Häuser
zieren in Neiße die Straßen.

Das prachtvolle und schöne Schloß
von Ottmachau.

Ein Inbegriff der Naturschönheiten des Vorgebirges ist der felsgekrönte und 718 m hohe Hauptgipfel des Zobten. Das Naturbild zeigt aber, daß der Zobten nicht nur ein einfacher Berg, sondern ein ganzes Gebirge ist. Weithin in die Lande kennt der Schlesier sein Relief am Horizonte und schätzt ihn als zuverlässigen Wetterpropheten. Zudem ist der Zobten ein besonderes Kulturdenkmal. Vermutlich haben hier oben schon die heidnischen Germanen ihren Göttern geopfert. Im Mittelalter stand auf dem Gipfel eine feste Burg, von der noch Reste zu sehen sind. Peter Wlast gründete 1109 dort ein Augustinerkloster; die Mönche verlegten ihren Sitz später auf die Sandinsel in Breslau und ließen in Gorkau am Fuße des Zobten eine Abtei zurück. Im Hussitenkriege besetzten die Hussiten den Berg, der später zu einem Räubernest wurde. Aus den Trümmern des ehemaligen Klosters war dann eine Kapelle erbaut worden, zu der alljährlich gewallfahrtet wurde. Bald war sie zu klein, darum ließ der Abt des Sandstiftes 1702 hier eine Kirche erbauen. Diese fiel 1834 dem Blitze zum Opfer. Die heutige Kirche steht seit 1852, dazu kamen Bismarckturm und Restauration.

Ansicht von Münsterberg an der Ohle.

Das Kloster in Heinrichau.

Nicht weit vom Zobtengebirge entfernt liegt Kreisau, wo der Generalfeldmarschall Moltke beigesetzt ist, und nur wenige Kilometer weiter die alte Herzogtumshauptstadt Schweidnitz. Als Mittelpunkt erstklassiger Landwirtschaft hat Schweidnitz einen großen Getreidemarkt. Maschinen, Handschuhe, Möbel und vor allem das berühmte Bier "Schweidnitzer Schöps" sind wichtige Handelsobjekte. Erwähnenswert sind noch die großen Steinbrüche bei Striegau und Strehlen, die viele Arbeiter beschäftigen. Sehenswert ist das ehemalige Zisterzienserkloster in Heinrichau. Münsterberg ist für seine vielen Konservenfabriken weithin bekannt.

Der Zobten
ist Natur- und Kulturdenkmal zugleich.
An seinem Fuße liegt der gleichnamige Ort und auf dem Gipfel ist eine Wallfahrtskirche errichtet.

Ansicht von Hultschin.

In dem fruchtbaren Lande zwischen Hotzenplotz und Oder haben sich große, wohlhabende, meist polnische Dörfer und Flecken, wie Groß-Peterwitz, Bauerwitz, Katscher und Bladen entwickelt. Die namhafte Stadt Leobschütz ist in erster Linie auf diesen landwirtschaftlichen Reichtum gegründet. Sie hat großen Grundbesitz und hält besuchte Getreidemärkte ab. Die Industrie ist mit Wollknüpf- und Wirk-Fabriken vertreten. Letztendlich wenden wir uns der Stadt Ratibor zu. Sie liegt an einem der ältesten Flußübergänge der Oder. Im Jahre 1108 fand der Ort seine erste Erwähnung und wurde 1235 als deutsche Stadt gegründet. Hier überschritten die Mongolen im Jahre 1241 den Strom.

Ratibor und Oder, die ab hier schiffbar ist.

Die Stadt Ratibor ist schon lange das Wirtschaftszentrum des gesamten Gebietes; von hier aus war die Oder für Schiffe zugänglich. Heute hat sich der Ort zu einer modernen Industriestadt entwickelt. Besonders zu erwähnen ist hier die Tabakindustrie, die hier bis zu 5 000 Arbeitsplätze bietet. Die bedeutendsten Unternehmen sind die Firmen Doms und Reiners.

Die Breitestraße in Ratibor.

Stadtansicht von Loebschütz.
Das Gebiet um die Stadt hat ländlichen Charakter. Es gibt hier nur wenige Orte mit mehr als 2 000 Einwohnern.

Das Hügelland rechts der Oder wird in vier landschaftlich getrennte Glieder geteilt. Daraus ergeben sich das Pleß-Rybniker Hügelland, der Bergbau- und Hüttenbezirk, der Muschelkalkrücken und das Waldgebiet der Malapane und des Stober.

Die Natur des Pleß-Rybniker Hügellandes steht unter dem Zeichen des Waldes, der auf dem sandigen und sumpfigen Boden entstand. Das Gebiet hat 882 qkm Wald; das sind 28 % der Gesamtfläche. In den stillen Forsten hat Rot- und Dammwild eine günstige Stätte. Wenn die Hügelwellen auch nicht über 400 m hinausgehen, so sind doch die Erhebungen von 357 m bei Nikolai ansehnlich genug, um Abwechslung in den Landschaftscharakter zu bringen. Hier und bei Rybnik liegen die Steinkohleschichten zutage, die sonst von Tonen, Sand und Lehm bedeckt sind.

Ein hervorragendes Element des Naturbildes ist hier das fließende und mehr noch das stehende Wasser. Einst muß das Land mit unzähligen Seen und Teichen erfüllt gewesen sein, von denen viele heute schon ausgetrocknet oder zugewachsen sind, also entweder dem Landmanne oder dem Torfstecher gehören.

Das Schloß Slawentzitz des Herzogs von Ujest.

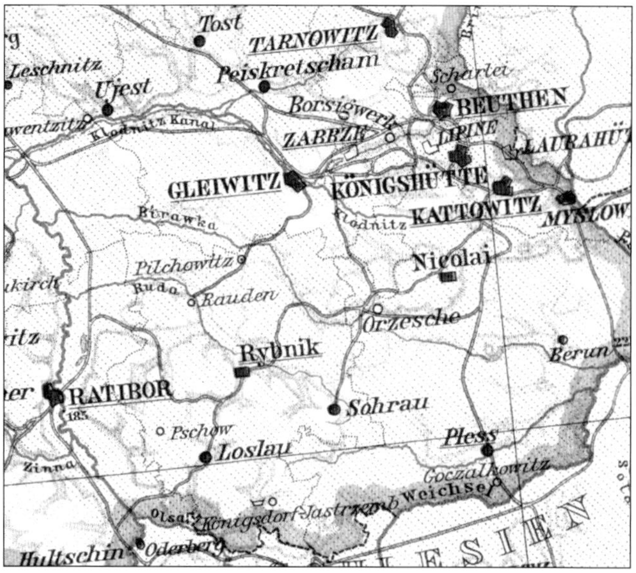

Die Waldwirtschaft, die Teichwirtschaft und der Ackerbau bilden in diesem Gebiet die Wirtschaftszweige. Die großen Rittergüter geben hier dem Leben der Menschen das Merkmal. In den Dörfern dieser Mächtigen sitzt eine dichte Landbevölkerung auf Besitz oder Pachtland. In den kleinen Städten des Landes haben sich früh etwas Gewerbe und Handel mit örtlichen Erzeugnissen entwickelt. So ist Sohrau Sitz des Schuhmachereibetriebes; der Lehm wird in großen Ziegeleien genutzt und das Kloster Rauden hat eigentlich die erste Industrie in den Kolonistendörfern hervorgebracht, indem schon im Mittelalter Eisen, Kupfer, Glas und Bier erzeugt wurden. In der Umgebung von Nikolai wird Bergbau betrieben. Hier reihen sich sieben Gruben aneinander; von Emanuelsegen bis Orzesche. In den Fabriken werden Nägel, Draht und Blechlöffel hergestellt. Bedeutend ist auch das Emaillierwerk von Paruschowitz und Rybnik selbst ist durch Leder- und Bierbereitung schon bedeutend gewachsen.

Das Stahlwerk in Hindenburg mit seinen zahlreichen Schornsteinen.

Haus Metropol in Hindenburg.

Im Pleß-Rybniker Hügelland leben viele polnische Oberschlesier und der Mangel an ausreichendem Grundbesitz bei der Mehrzahl der Landbevölkerung ist eine der elementaren Ursachen der wirtschaftlichen Zustände. Ein großer Teil des Landvolkes lebt hier in ärmlichen Häuschen. Demgegenüber treten aus der Masse der Siedlungen stolze Herrensitze um so augenfälliger heraus. Die Schlösser des Herzogs von Ratibor zu Rauden, des Grafen Ballestrem zu Plawniowitz und das Schloß des Fürsten von Pleß zu Pleß sind für das Bild Oberschlesiens ebenso charakteristisch wie die Strohdächer und Lehmhütten des Landvolkes.

Wer sich Gleiwitz nähert, oder die Klodnitz überschreitet, betritt ein gänzlich anderes Oberschlesien, als das südliche es ist. Hier ist seit langer Zeit das Innere der Erde geöffnet und eine Quelle des Wohlstandes geworden. Wir befinden uns im Kohlenbecken, dessen Ausdehnung weit über den heutigen Bergbaubezirk reicht. Durch tiefgehende Bohrungen hat man die Mächtigkeit und Zahl der Kohleschichten festgestellt. Das tiefste Bohrloch, zugleich das tiefste der Welt, befindet sich bei Paruschowitz (östlich von Rybnik) mit 2003 m Tiefe, das nächst tiefe bei Knurow erreicht 1352 m.

In den Rybniker Schichten hat man 185 Kohlebänke gezählt, von denen 61 abbauwürdig sind und eine Kohlenmächtigkeit von 63 m besitzen. Nur die am bequemsten erreichbaren Schichten sind bisher abgebaut worden. Nach mäßigen Schätzungen birgt Oberschlesien an 90 Milliarden metrischer Tonnen Vorräte - ein enormer Reichtum an fossilem Brennstoff, der selbst die Vorräte des Ruhrgebietes in den Schatten stellt.

Markt zu Gleiwitz.

Das Bild der Landschaft ist durch diese Verhältnisse im Erdinnern mehr als sonst an einer Stelle Schlesiens bestimmt. Wo in früheren Zeiten stille Waldungen die Hügel deckten und Kartoffel- und Haferfelder sich ausbreiteten, da ragen heute Bauwerke von riesigen Maßen der Länge und Höhe. Qualmende Schornsteine bis über 100 m verkünden tiefe Schächte, die weit in den Leib der Erde reichen. In den Außenbezirken schließen sich weite Forsten noch zu einem grünen Saum zusammen, doch ist im übrigen das Bild der Gegend zusammengesetzt aus Riesendörfern, schnell emporgeschossenen Industriestädten, großen Hüttenanlagen, Schachttürmen, Straßen- und Eisenbahngeflechten. Der Wasserreichtum früherer Zeit ist mit zunehmneder Unterwühlung der Erdrinde geschwunden. Die Klodnitz, Brinitza und Przemsa sind die erfrischenden Lebensadern des Gebietes. Die Schwarze und die Weiße Przemsa geben bei ihrem Zusammenfluß das eigentümliche Bild der "Dreikaiserecke" unweit der Grenzstadt Myslowitz.

Hugo-Zinkhütte bei Antonienhütte.

Hohenzollern-Grube Beuthen.

Beuthen ist der geschichtliche Mittelpunkt des Industriebezirkes und zugleich der bedeutendste Ort. In alter Zeit war es eine slawische Kastellei, später eine befestigte Stadt und seit 1254 mit deutschem Recht. Im Mittelalter war Beuthen von Hopfengärten und Fischteichen umgeben, aber auch Bergbau wurde schon betrieben. Als wichtigste Erwerbsquellen gehören der Stadt heute drei große Galmeigruben (Zinkspat), drei Zinkwerke, zwei Eisenwerke und fünf Steinkohlegruben. In den Eisenhütten werden namentlich Eisenbahnschienen und Eisenbleche hergestellt. Mit der Stadt verwachsen ist der Vorort Roßberg.

Die "Dreikaiserecke" bei Myslowitz.

Bei Radzioukau im Kreise Tarnowitz öffnen sich die nördlichen Schächte der Herrschaft Neudeck; das dem Fürsten von Donnersmarck gehörige Schloß ist das prächtigste Oberschlesiens. Gleichfalls schon auf den Höhen der Tarnowitzer Platte, aber noch im Beuthener Kreise, erheben sich die stattlichen Kirchen zu Deutsch-Piekar. In der Wallfahrtskirche beschwor August der Starke im Jahre 1697 den katholischen Glauben.

Hüttenkaufhaus in Friedenshütte.

Schloß Neudeck bei Tarnowitz.

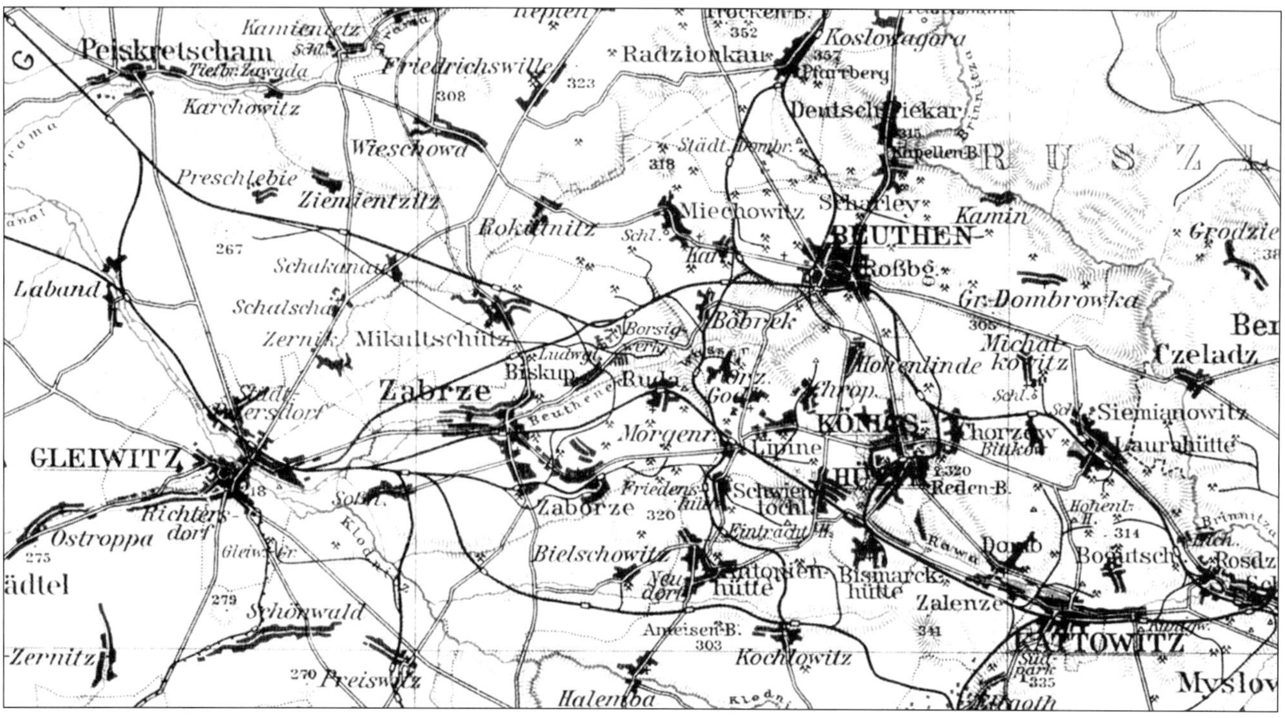

Die hier im Kartenausschitt bezeichnete Stadt Zabrze wurde im Jahre 1915
zu Ehren des Generalfeldmarschalls Paul von Hindenburg in Hindenburg umbenannt.

Die Julienhütte in Beuthen.

Hochöfen der Königshütte.

Hochofen in Friedenshütte.

Unmittelbar südlich von Deutsch-Piekar beginnt mit Scharley die Reihe großer Industrieorte, die sich hart an der Grenze hinziehen. Es schließen sich an Birkenhain, Groß-Dombrowka, Chorzow, Siemianowitz-Laurahütte, dann Klein-Dombrowka, Rosdzin und Schoppinitz.

Von Beuthen gelangt man über die Hüttenorte Chropaczow und Lipinein in den großen Industriebezirk, dessen Mittelpunkt Königshütte bildet. Das ist die volkreichste Stadt Oberschlesiens und die drittgrößte Schlesiens. An ihrer Stelle war bis 1790 noch Feldmark. Der dann niedergetriebene Schacht bei dem heutigen Bahnhofsgebäude bedeutete den Anfang der Ortsgeschichte. Die "Königsgrube" und die "Königshütte" nahmen bald außergewöhnlichen Aufschwung. Von der Kohlen- und Eisengewinnung schritt man bald zur Eisenverarbeitung und Zinkgewinnung. Um den Kern der Hüttenwerke schoß eine Häuserreihe nach der anderen auf.

Die "Königshütte" kaufte 1870 Graf Henckel von Donnersmarck und vereinigte sie mit der "Laurahütte" zur "Vereinigten Königs- und Laurahütte". Diese Gesellschaft wurde zum größten schlesischen Unternehmen. Ihr gehören außer Gruben und Bergwerken, Koks- und Gasanstalten, Walzwerke, Eisengießereien, Ziegeleien und verschiedene Hütten- und Fabrikwerke. Im Südwesten von Königshütte schließen sich Heiduk und Schwientochlowitz und weiterhin Antonienhütte an.

Die Grundmannstraße in Kattowitz.

Kalvarienberg zu Deutsch-Piekar.

Die Gleiwitzstraße in Beuthen.

Der Muschelkalkrücken liegt im ausgedehnten Hügelland zwischen Klodnitz und Malapane. Zwei große Plateaus gliedern die Landschaft in zwei ähnliche Gebiete: das Tarnowitzer Plateau und der Chelm um Groß-Strehlitz. Am höchsten ragt der Trockenberg bei Tarnowitz mit 352 m empor. Die Tarnowitzer Hochfläche steht ganz unter dem Zeichen des Bergmanns. Die Erde ist durchwühlt nach Bleierzen, die Oberfläche zerrissen von Gruben, Schächten und Einsturzbecken. In Leschnitz verqualmen 75 Kalköfen die Landschaft, denn hier wird Kalkstein gebrochen.

Die russischen Grenzbrücke
mit Grenzsoldaten bei Ostrasnitza (um 1905).

Das Waldgebiet der Malapane und Stober gehört zu den am dünnsten bevölkerten Gegenden in Schlesien. Weite Teile des Landes sind unter Großgrundbesitz, dem 2/3 des ganzen Gebietes angehört. Hier überwiegt die Holzwirtschaft; große Lager von Hölzern sind auf den einsamen Haltestellen der gradlinig verlaufenden Eisenbahnen zu sehen. Zahlreiche Sägewerke an Malapane und Stober nutzen die Wasserkraft, um Bretter, Papier und Zellulose hervorzubringen.

Charakteristisch für die Siedlungsart
im Gebiet des Muschelkalkrückens und im Waldgebiet der Malapane und des Stober ist das Fehlen größerer Städte. Die kleinen und wenigen Stätdchen zeigen eher das Gepräge friedlichen Landbaues.

Lublinitz ist eine kleine Ackerstadt, Rosenberg ebenfalls. Guttentag hat seinen Namen von gutem Ackerbau und Himmelwitz und Czarnowanz sind Klostergründungen. Kreuzburg ist Eisenbahnknotenpunkt und Landsberg hat als Grenzstadt bedeutende Jahrmärkte. Karlsruhe in Oberschlesien wurde inmitten der Waldungen vom Herzog zu Württemberg im 18. Jahrhundert gegründet, und zwar achtstrahlig, wie die gleichnamige Residenz in Baden. Eine Merkwürdigkeit sind in diesem Gebiet die Schrotholzkirchen. Das Volkstum ist gerade auf dem Lande weitaus polnisch.

Die Rokoko-Grube zu Tarnowitz.

Die Krakauer Straße zu Tarnowitz.

Die Oderbrücke in Steinau.

Nördlich vom Stobergebiet lichten sich die Wälder zu freundlichen Ackerfluren des Kreises Namslau. Bis zur Weide ist die Oberfläche nirgends bis zu 200 m empor gestiegen. Folgen wir dem Flusse ins Quellgebiet, so treffen wir auf kräftigere Erhebungen bei Groß-Wartenberg: es sind die östlichen Anfänge des Katzengebirges. Deutlich steigt dann das Kleingebirge in prächtig bewaldeten Hügeln zu den Trebnitzer Höhen an. Dazwischen führt die Bahn von Öls nach Militsch. Ganz in der Nähe liegt die Stadt Trachenberg, die mit der Bahn von Breslau über Obernigk verbunden ist.

Eines der eigenartigsten Flußtäler grenzt das Katzengebirgsgebiet gegen Norden hin ab; es ist das der Bartsch. Der Fluß betritt Schlesien bei Militsch und zieht sich über Trachenberg, Herrnstadt bis in die Gegend von Guhrau immer in der Nähe zur Grenze hin. Reich an feuchten Gründen, Brüchen und Teichen in breiter Ausdehnung, läßt das Flußtal auf seine Wasserfüllung von weit größerem Umfange denn heute schließen. Südlich von hier treffen wir auf die Städte Winzig und Steinau. Bereits an der Oder liegt das Kloster Leubus. Im Tal der Jüseritz liegt Wohlau.

In dem ganzen Gebiete gibt es vorwiegend Landwirtschaft, die sich an den südlichen Hängen des Katzengebirges auch erfolgreich an den Obstbau gemacht hat. Sonst herrschen Korn- und Rübenfelder vor. Besonders in der Bartschniederung wird Fischzucht betrieben und Rindvieh gehalten. Auch Namslau hat besuchte Viehmärkte und Konstadt den bedeutendsten Flachsmarkt in

Die Rübenzuckerfabrik in Cunern.

Schlesien. Bernstadt liegt in fruchtbarer Aue; etwas Tuchmacherei, Wollspinnerei und Schuhmacherei ist hier wie in Juliusburg dem Erwerbsleben eigen. Groß-Wartenberg hat außer Landwirtschaft auch Töpferei. Festenberg fertigt Tuche und Möbel, Neumittelwalde rühmt sich des Weinbaues. Die Landstädtchen Prausnitz, Winzig und Wohlau betreiben erfolgreich Ackerbau.

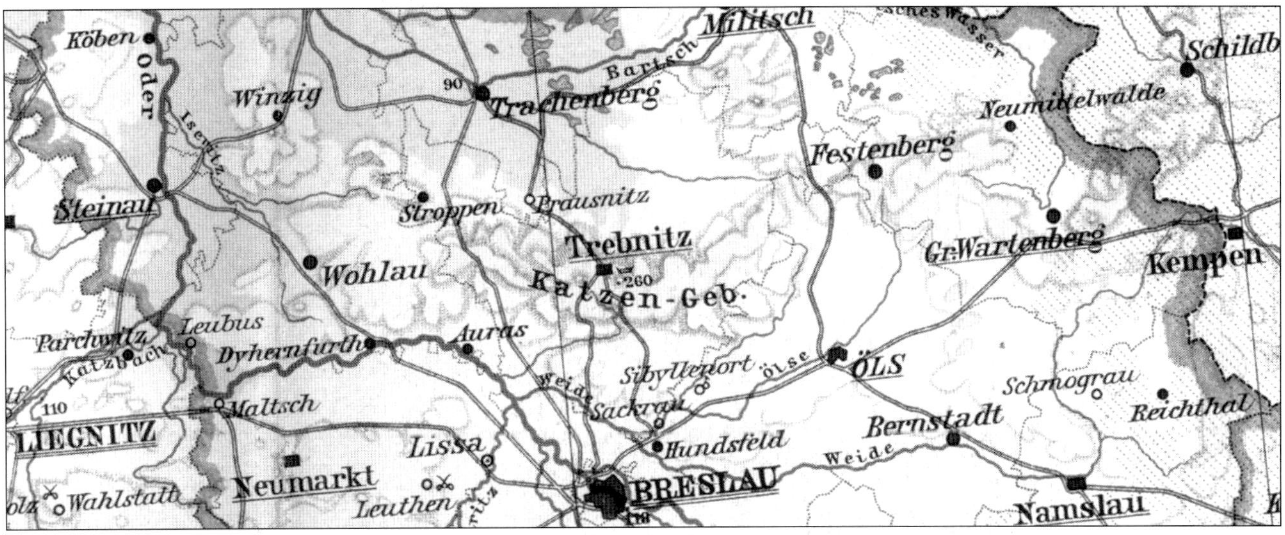

In der Gegend von Militsch und Trachenberg
wird überaus einträglich Fischzucht betrieben. In Trachenberg selbst ist eine teichwirtschaftliche Versuchsstation, die einzige ihrer Art in Deutschland.

Am Anfang des viel besuchten Oderwaldes liegt Leubus. Es ist berühmt wegen seines herrlichen Klosterbaues und als älteste deutsche Kulturstätte Schlesiens. Die kultivierten Ländereien des reichen Klosters erstrecken sich südlich bis in die Gegend von Jauer. Das Kloster ist mit 223 m Länge und 118 m Breite der größte einheitliche Bau Europas und auch wegen seiner hervorragenden Willmannschen Malereien (im Fürstensaal und in der im 17./18. Jahrhundert umgebauten Kirche) eine Sehenswürdigkeit ersten Ranges. Gegründet haben das Kloster Zisterzienser, die im Jahre 1175 von Boleslaus dem Langen aus Naumburg a.S. hierher gerufen wurden. Heute sind in den weiten klösterlichen Räumen von Leubus eine Krankenanstalt und das Königl. Niederschlesische Landesgestüt untergebracht.

Weiter höher liegt die Stadt Steinau. Die feste Brücke über die Oder hat vielfach Kriegsheere hergeleitet; hier wurde 1633 Matthias von Thurn von Wallenstein ereilt und geschlagen. Heute vermitteln zwei feste Brücken den Übergang; die 1903 eröffnete Brücke für Wagen und Fußgänger ist 350 m lang und die Eisenbahnbrücke 380 m lang. Steinau besitzt auch einen Umschlaghafen und das bemerkenswerte Krankenhaus der Barmherzigen Brüder.

Das romantische Schloß Dyhernfurth.

Auf den Hügeln jenseits der Bartsch liegt Guhrau. Die Stadt hat eine Kartoffeldörr-Anstalt, die gedörrte Kartoffeln für die weiten Seereisen herstellt, und treibt Spargelzucht. Viele Windmühlen deuten auf landwirtschaftliche Regsamkeit der Umgegend, die hinsichtlich des Obstbaues an erster Stelle in Schlesien steht. Kirschen, Pflaumen und Walnüsse werden in großer Menge gezogen.

Die herrlichen Gebäude des Klosters Leubus
sind eine Sehenswürdigkeit ersten Ranges. Das Kloster ist Schlesiens älteste deutsche Kulturstätte.

Der Schlawa-See ist eine Naturschönheit
und liegt verborgen in hohen Schilfbüschen.

Die Grünberger Höhen gehören einem Hügelzuge an, der größtenteils mit anmutigem Laubwald bestanden ist. Bei Grünberg selbst erreichen die Hügel eine Höhe von bis zu 220 m und sind durch eifrige Winzerarbeit dem Weinbau dienstbar gemacht. Auch der Obstbau hat hier Tradition.

Die Geschichte des Weinbaus ist ein Stück deutscher Siedlungs- und Kulturgeschichte. Franken und Flamländer waren es, die um die Mitte des 12. Jahrhunderts sich auf und an den sonnigen Hügeln ansiedelten. Sie standen unter dem Schutze der Herzöge von Glogau. Die Rebe verpflanzten sie ebenfalls hierher, und schon im 15. Jahrhundert war der Weinbau bedeutend. Der Weinbau erfordert viel Wärme; der weiße Sand strahlt die Sonnenwärme auf die Reben zurück. Eben damit hängt eine Eigentümlichkeit des Grünberger Weinbaues zusammen. Nicht an Spalieren werden die Reben hier emporgezogen, sondern ganz niedrig gehalten, damit die Trauben dem Sande recht nahe hängen. In geraden Reihen stehen die etwa ½ Meter hohen Stöcke ungefähr sieben Jahre lang.

Die Weinbereitung geschieht im großen durch 40 Weinhandlungen. Rot- und Weißwein werden gekeltert. Aber auch Champagner und Kognak werden in großen Mengen aus dem Wein bereitet. Neben dem Weinbau steht auf den Grünberger Hügeln der Obstbau in hoher Blüte.

Der Schlawa-See ist der größte Binnensee Schlesiens. Er ist 10 km lang und stellenweise über 3 km breit. Sechs Stunden braucht man um ihn zu umwandern. Am See liegt inmitten eines ausgedehnten Parkes ein schönes Schloß, das, wie auch der See selbst, dem Grafen Haugwitz gehört.

Die Weinlese erfolgt in Grünberg
von einem festgesetzten Tage an.
Mit Körben geht es hinaus unter Gesang,
Böllerschuß und Glockenklang. Am Abend
gibt es Freudenfeuer wie im Gebirge an Johanni.

Ansicht der Stadt Grünberg.

Große Tradition hat hier der Weinbau.

Ebenfalls im niederschlesischen Odertal liegt das Glogauer Hügelland. Dieses ist mit den Dalkauer Bergen eine Gebirgslandschaft im kleinen und wird von den Glogauern als "Schweiz" oft besucht. Sandige Höhen mit Kiefernwald und überraschend romantische Tälchen sind hier zu finden. Der Landrücken erstreckt sich von Glogau über Freystadt bis Naumburg hinauf.

Die Verlagsanstalt von Carl Flemming
ist bis weit über die Grenzen Schlesiens hinaus bekannt. Von bestem Ruf ist die große lithographische Anstalt mit eigener Landkartenherstellung.

Glogau ist der Mittelpunkt der Gegend und verdankt seine Entstehung wie Breslau dem durch Stromteilung erleichterten Übergange; wie diese Stadt hat es auch eine Dominsel mit dem Dom zu St. Maria. Mehr durch Leiden als durch Ruhmestaten bekannt, ist die befestigte Stadt in den mittelalterlichen Kriegen und im 30jährigen Kriege arg mitgenommen worden. In den Schlesischen und Napoleonskriegen ist Glogau wiederholt belagert worden. Seit 1904 werden nun die Festungswälle niedergelegt und infolgedessen können sich Gewerbe und Industrie freier entfalten.

Bei Glogau spaltet sich die Oder in eine "Alte Oder" und in eine "Stromoder". Beide umarmen die Dominsel. Zum Schutze der Fluren und Orte sind in der Gegend um Glogau viele Deiche erbaut worden. Denn das Glogauer Tal ist eine Niederung, in der das Stromwasser oft stockt und dann große Verheerungen anrichtet. Dies geschieht, wenn die Hochflut der Bartsch auf ein Oderhochwasser trifft. Kein Teil der Provinz hat größere Überflutungen erlebt. Noch 1854 hatte sich die ganze 10 km breite Talsohle in einen wogenden See verwandelt. Von Herrnstadt bis Neusalz spannte sich in 5 bis 10 km Breite eine gewaltige Wassermenge aus, halb so groß wie der Bodensee. Träge und gefahrvoll durchfließt hier die Oder das Gebiet.

Der Glogauer Markt mit Rathaus.

Die evangelische Friedenskirche in Glogau.

Inmitten der ersten Talerweiterung liegt Cosel, als Festung in der Kriegsgeschichte berühmt. Die Gunst der Lage hätte die Stadt zum Mittelpunkt werden lassen können, doch wurde der wichtige Bahnhof der Oberschlesischen Eisenbahn 7 km entfernt nach Kandrzin gelegt und auch der Großschiffhafen, der Verladungsplatz des oberschlesischen Bergbaus und der Hüttenwerke, erhielt seine Stelle in der Nähe der emporblühenden Kleinstadt.

Ackerbau und Kalksteinbrüche sind die Quellen des Wirtschaftslebens in und um Krappitz. Das nächst größere Zentrum des Odertales ist dann Oppeln. Die Oder bildet hier durch ihren Lauf zwei Inseln; die nördliche trägt das Schloß der Herzöge, die schon im 11. Jahrhundert selbständig waren. Oppeln ist seit 1816 Hauptstadt des Bezirks und als Beamtenstadt hat es seitdem ein modernes Äußeres angenommen. Die Zementfabrikation und die neuen Hafenanlagen haben ebenfalls zum Aufschwunge beigetragen.

Die Oder betritt schlesischen Boden erstmals bei Hoschialkowitz, dem südlichsten Orte Schlesiens. Auf ihrer Strecke bis Ratibor ergänzen die Flüsse Zinna und Olsa die Fluten des Stroms und machen ihn deshalb ab Ratibor schiffbar. Das Tal weitet sich immer mehr und bis Oppeln schwillt die Oder durch beträchtliche Wassermengen anderer Flssüe weiter an. Hier bestehen immer wieder Hochwassergefahren und frühere Hochfluten haben auf dem rechten Ufer den ein oder anderen Teich zurückgelassen. Das Naturbild ist erfüllt von frischem Wiesengelände, einigem Wald, desto mehr Feldfluren.

Nocheinmal wenden wir uns dem Orte Kandrzin zu, der durch Verkehr und Handel schnellen Aufschwung genommen hat. Mit den wichtigen Einrichtungen von Bahnhof und Oderhafen ist hier eine Umschlagstelle für stromauf kommende Güter wie Düngemittel, Roheisen, Erz, Öle und Asphalt entstanden. Weit wichtiger ist der Hafen jedoch für abgehende Güter wie Metalle, Eisenwaren, Hölzer, Mehl und Steinkohlen, die alle aus dem großen Industriegebiet Oberschlesiens stammen. Von diesen Gütern werden hier jährlich über 1,4 Mill. Tonnen verladen.

Kahn-Verladungsstelle in Oppeln.

Blick in den beschaulichen Coseler Oderhafen.

Das mittelschlesische Tiefland steht ganz im Zeichen der Oder und beginnt in der Gegend von Brieg und endet oberhalb von Neumarkt. Das Gebiet wird dabei von dem immer breiter werdenden Strom ganz durchflossen. Interessant ist es, die verschiedenartigen Städtebilder vom Dampfer zu betrachten, die sich in den Niederungen breit ausdehnen und noch vielfach den Fluß durch Ausnutzung der Wasserkraft hineinziehen in das Wirtschaftsgetriebe der Stadt. Die flachen Ufer zeigen uns frische Niederungen mit reichen Fruchtfluren. Urwüchsige Wälder begleiten den Fluß. Den schönsten Wald erblicken wir im Fürstenwald zwischen Brieg und Ohlau.

Brieg ist wie die meisten Oderstädte an einer bequemen Übergangsstelle entstanden. Schon zur Zeit des Mongoleneinfalles hatte es ein festes Schloß. Dann war Brieg Piastenstadt und befestigt. Das schöne Sandsteinportal des aus dem 16. Jahrhundert stammenden Schlosses ist noch gut erhalten und erinnert an diese Zeit. Die heutige offene Stadt hat sich in der Fabrikation von Leder, Zigarren, Maschinen, Zucker und Dachpappen ihre Erwerbsquellen geschafffen. Die weitere Umgebung auf der linken Oderseite beschäftigt sich mit viel Gemüse- und Tabakbau.

Ohlau liegt zwischen Flußläufen der Oder und Ohle, die sich hier auf 300 m nähern, doch erst vor Breslau vereinigen. Durch die natürliche Schutzlage von Ohlau ließen die Herzöge von Brieg ein Schloß anlegen, welches zum Teil noch vorhanden ist. Die waldreiche und überaus fruchtbare Umgegend liefert Holz für die Sägewerke und Tabak zur Fabrikation von Zigarren. Auch werden hier Maschinen, Schuhe, Leim, Knochenmehl und Bleiweiß erzeugt. Südlich der Stadt liegt Kleinöls, in dessen Eichenpark der berühmte York von Wartenburg Standbild und Ruhestätte hat.

Breslau liegt in der Mitte des schlesischen Oderlaufes. Der Name ist aus "Wrotzilaw" entstanden und bedeutet "Stadt des Wratislaw". Die Lage der Stadt innerhalb Schlesiens ist ausgezeichnet durch die Gunst, wie sie ein natürlicher Mittelpunkt mitbringt. Sowohl die Längs- als auch die Querachse der Provinz haben an dieser Stelle etwa die Mitte. Die Handelsstraßen von der Mährischen Pforte wie von der Grafschaft schneiden sich mit denen, die von Norden und Nordwesten kommen. Die Inseln der zerteilten Oder boten Schutz und erleichterten den Übergang. Die alte polnische Stadt war auf dem rechten Ufer gelegen. Die im 13. Jahrhundert begründete deutsche Stadt liegt links der Oder.

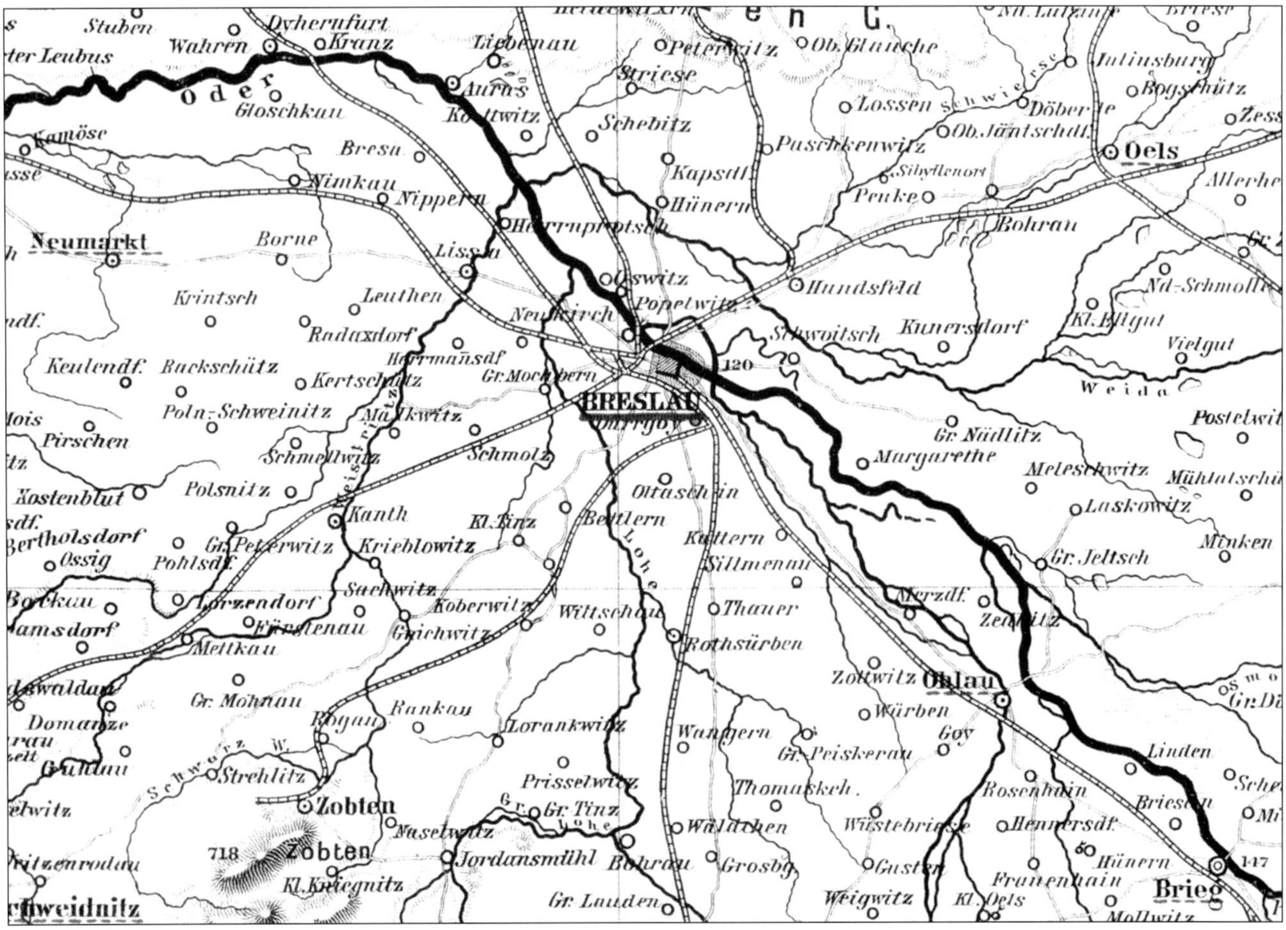

Das große Marktquadrat, hier wie fast überall in schlesischen Städten "Ring" genannt, ist der Kern des modernen Breslau. Hier entstanden die großen Kirchen, die steinernen Häuser und die deutschen Kaufhäuser. Mit der Landesgeschichte ist Breslau fest verwachsen und reich an Sehenswürdigkeiten geschichtlicher, künstlerischer und großstädtischer Art. Das Prachtstück ist das herrliche Rathaus im spätgotischen Stil aus dem Ende des 15. Jahrhunderts. Unter dem Rathaus befindet sich der Schweidnitzer Keller, wo von jeher Schweidnitzer Bier verschenkt wurde. Leicht erreicht man vom Ringe die beiden größten evangelischen Kirchen, die Magdalenenkirche und die Elisabethkirche mit dem 91 m hohen Turm, dem zweithöchsten Schlesiens. Die bedeutendste Kirche ist jedoch der Dom auf der ehemaligen Dominsel, der Johannes dem Täufer geweiht ist.

Der Breslauer Dom und die Kreuzkirche.

Das prachtvolle Breslauer Rathaus.

Breslau ist kultureller und industrieller Mittelpunkt Schlesiens.
Universität und Jahrhunderthalle sind Ausdruck dieser Stärke.
Bewundernswert sind die Baudenkmäler der Sand- und Dominsel
und ein Besuch des Schweidnitzer Kellers im Rathaus gehört zu einem Stadtrundgang dazu.

Zu den großstädtischen Sehenswürdigkeiten gehören ferner die Museen für bildende Künste, für Altertümer, das zoologische, das botanische, das archäologische, das geologische und anatomische Museum. Bemerkenswerte Gebäude sind das Königliche Schloß, das Landeshaus der Provinz Schlesien auf der Gartenstraße und vor allem die Liebichshöhe an der Taschenstraße, von der man die ganze Stadt überblickt.

Das alte Piastenschloß zu Brieg.

Das Leben der Stadt gestaltet sich durchaus großstädtisch. Wer auf dem mit hohen Glashallen überdachten Hauptbahnhofe ankommt, den umflutet sofort das gesteigerte Treiben und Schaffen der Großstadtbevölkerung. Die elektrische Straßenbahn bringt uns zu den entlegensten Stadtteilen. Dem Provinzialen tut sich hier eine neue Welt auf: die großen Häuser mit fünf und sechs Stockwerken, die glänzend ausgestatteten Schaufenster der Kaufläden, das Gewirr des Verkehrs und die auffälligen Reklameschilder und vieles mehr nimmt die Sinne gefangen.

Wer aber die Größe Breslaus kennen lernen will, dem ist ein Gang durch die elektrisch beleuchtete Schweidnitzer Straße zu empfehlen, wo das Breslauer Leben zusammengedrängt pulsiert. Breslau ist Mittelpunkt der Regierung und Hauptsitz der schlesischen Industrie. Große Theater, Museen und die berühmte Universität sind Ausdruck dieser Metropole. Um Breslau herum erstreckt sich in prachtvollen Fluren das fruchtbare Tiefland mit seinen kleinen Landstädten.

Die pulsierende Schweidnitzer Straße.

Die Tieflandfluren westlich von Breslau.

Die vielen Kirchtürme
ragen ehrwürdig aus der Stadt.

Die Universität
ist Ausdruck des geistigen Strebens.

Das neue Schloß in Primkenau.

Über einen weiten Raum erstreckt sich die Niederschlesisch-Lausitzer Heide. Begrenzt wird die Heide im Süden vom Gebirgsrand des Riesengebirges und teilt sich beim Isergebirge in eine östliche und westliche Hälfte. Die östliche Hälfte wird als Niederschlesische Heide und die westliche Hälfte als Lausitzer Heide bezeichnet. Gekennzeichnet ist das Gebiet durch lang hingezogene Landschwellen und kleine Sandhügel, die meist von Kiefern, Birken und Tannen bewachsen sind. Hier und da erblickt man in weiter Umgebung ein Dörfchen mit genügsamen Leuten. Häufige Erscheinungen sind Moore, Brüche und Teiche. Unzählige Teiche von sehr verschiedener Größe erfüllen die feuchten Heidegebiete, so namentlich den lausitzischen Teil westlich der Neiße. Im Kreise Hoyerswerda gibt es allein über 500 Teiche. Schilfrohr und Binsen umkränzen ihre Ufer, während im Frühjahre Schwertlilien dort blühen.

Forst- und Holzwirtschaft wiegen naturgemäß in dieser stillen Gegend vor. Das uralte Gewerbe der Köhlerei ist in der Heide noch vielfach zu finden. Die schwarzen, rußigen Gestalten schichten die Holzscheite zu 4 m hohen Stößen auf und bewerfen sie mit Erde. Dann wird der Meiler oben angezündet und verkohlt in etwa acht Tagen. Dicht dabei ist die Köhlerhütte. Das ist ein auf der Erde aufliegendes Dach aus Holzscheiten, welches ebenfalls mit Erde bedeckt ist. Die Holzkohle fahren die Köhler weithin zu Klempnern und Goldschmieden in die Städte.

Das Schloß zu Sagan.

In Verbindung mit dem Wasser der Flüsse sind viele Brettschneiden, Dampfsägemühlen und Holzschleifereien entstanden. In Kohlfurt befindet sich eine Telegraphenstangenzubereitungs-Anstalt, die jährlich viele tausend Stämme herrichtet. Dagegen treten Acker- und Wiesenbau zurück. Der Boden bringt nur Roggen, Buchweizen, Hafer und Kartoffeln hervor. In den nördlicheren Kreisen Sagan und Sprottau wird der Boden besser und ertragreicher. Auch im westlichen Gebiet mangelt es nicht an freundlicheren Fluren. An solchen Stellen haben sich auch landwirtschaftliche Industriezweige heimisch gemacht.

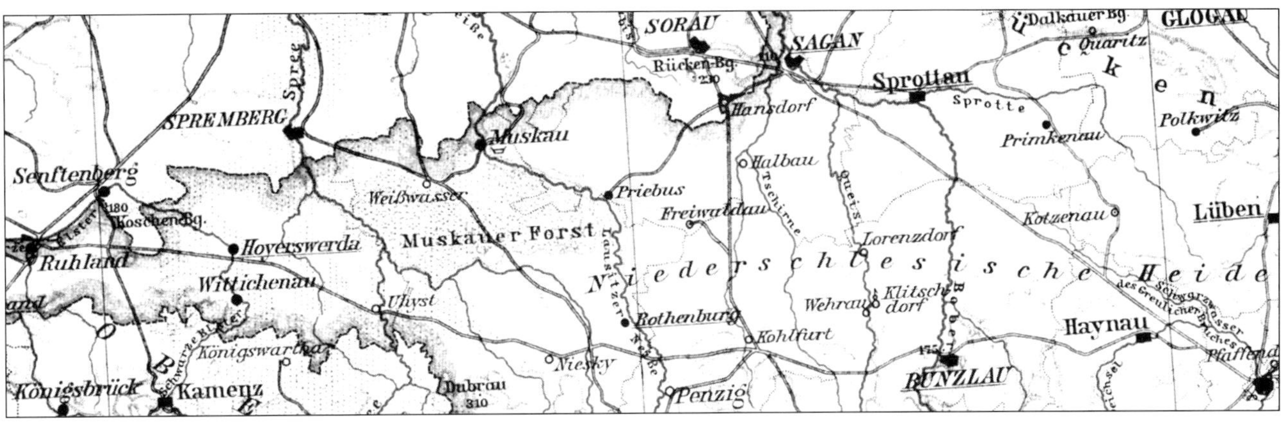

Von Mehlmühlen abgesehen, gibt es Ölfabriken in Sprottau und Sagan, Stärke-, Sirup- und Zuckerfabriken in Wichelsdorf, Nieder-Gießmannsdorf, Lauterbach, Primkenau, Dittersbach und Mednitz. Flachspinnereien sind in Suckau und Luthrötha und Brauereien in allen größeren Orten zu finden. Die vielen Teiche sind vielfach für die Fischzucht benutzt, einige sind für Karpfenzucht besonders hergerichtet. Auch der große Wohlenteich wird jährlich zum Fischfang entleert, was drei Wochen in Anspruch nimmt. Die Fischzucht ist eine bedeutende Einnahmequelle für die sonst wenig freigebige Heide. Besonders zur Weihnachtszeit werden viele Karpfen versandt.

Der Ludwigsgarten in Sagan.

Braunkohlentagebau in der Niederlausitz.

Blick auf Sagan am Bober-Fluß.

Altwendisches Gehöft aus Schleife.

Sagan ist Hauptort am Nordrande der Heide und liegt am Bober. Berühmt sind Schloß und Park, die Wallenstein anlegen ließ. Der Astronom Kepler lebte in Sagan von 1628 bis 1630. An der nördlichen Grenze liegen Weißwasser und Muskau, dessen von Graf Pückler vor mehr als 100 Jahren geschaffener Naturpark große Berühmtheit erlangt hat. Kohlfurt ist als Eisenbahnknotenpunkt von vier Linien entstanden.

In Eulau befindet sich ein Eisenhüttenwerk, die Wilhelmshütte. Auch Mallmitz hat ein Eisenhüttenwerk. Schon im Mittelalter wurde in der Saganer Gegend viel Eisen hergestellt und verarbeitet. In Tschirndorf im Süden des Kreises ist eine bedeutende Stahlgußwarenfabrik.

Ebenso alt einheimisch ist die Glasfabrikation zu Wiesau, Nieder-Hartmannsdorf, Halbau und Tschöpeln. Sprottau ist eine der reichsten Städte Schlesiens, denn ihr gehören über 700 ha Forst und 7 Rittergüter. Der Ort Primkenau treibt Eisenindustrie in dem Eisenhüttenwerk Hohenofen.

Ruhland ist die westlichste Stadt Schlesiens überhaupt, Hoyerswerda die westlichste Kreisstadt Schlesiens. Hier hat sich einige Fabriktätigkeit und lebhafte und bedeutende Schuhmachereien heimisch gemacht.

Die Bevölkerung der Heide ist deutsch bis auf 25 000 Wenden, die zwischen der Lausitzer Neiße und der Schwarzen Elster leben. Es sind Nachkommen der in der Völkerwanderung eingewanderten Sorben. Von ihren eigentümlichen Sitten und Trachten ist noch viel erhalten. Frömmigkeit, Genügsamkeit und heiterer Sinn kennzeichnen den wendischen Charakter. Die schlesischen Wenden sind fast durchweg evangelisch, nur noch wenige Orte sind katholisch.

Das ganze Gebiet des Oberlausitzer Hügellandes ist mit fruchtbarem Boden bedeckt. So herrscht hier die Landwirtschaft vor und in der Nähe von Görlitz werden Zuckerrüben und Gemüse und überall Getreide und Kartoffeln angebaut. Der Granit und Basalt der Berge wird zu Bau- und Pflastersteinen gebrochen; auch Sand- und Kalksteine wie z.B. in Hohkirch und Hennersdorf werden verwertet. Bei Troitschendorf, Hermsdorf und Schönbrunn werden auf bergmännische Art Braunkohlen gewonnen. Die übrige Industrie hat in Görlitz ihren Hauptsitz.

Die alte Bastei Kaisertrutz.

Das mächtige Eisenbahnviadukt im Neißetal.

Görlitz ist aus einem Wendendorfe entstanden, sein Name bedeuted "Hügelstadt". Um 1200 wurde es eine deutsche Stadt und bald groß und mächtig. Handel und Gewerbe hatten hier eine regsame Stätte. Anfang des 16. Jahrhunderts gab es allein 200 Tuchmacher in der Stadt, und um 1700 gar 500 Tuchmachermeister. Handel, Verkehr und Gewerbe sind der Stadt geblieben und haben sie zur zweitgrößten Stadt Schlesiens gemacht. Eisenbahnwagen, Maschinen und Tuche sind die Haupterzeugnisse der Industrie. Zu den Sehenswürdigkeiten der Stadt gehören schöne Promenaden, das alte Rathaus mit der kunstvollen Freitreppe und der Kaisertrutz. Dies ist eine alte Bastei, die im Dreißigjährigen Kriege den Kaiserlichen "trutzte".

Seit 1889 werden in Görlitz, das auch "Perle der Lausitz" genannt wird, in dreijährigen Perioden die "Schlesischen Musikfeste" abgehalten; für diese Zwecke hat die Stadt eine neue große Festhalle erbaut.

Oberhalb von Görlitz befindet sich das malerische Neißetal. Ein Viadukt mit 30 Rundbogen überschreitet das liebliche Tal und führt die Bahn 35 m hoch über dem Wasserspiegel in ½ km Länge von Ufer zu Ufer. Weithin sichtbar in dem Hügelland ist mit 420 m Höhe die mit prächtigem Laubwald bewachsene Landeskrone.

In der unmittelbaren Nähe von Görlitz *erhebt sich mit 420 m Höhe die mit prachtvollem Laubwald bewachsene Landeskrone.*

Impressionen aus Schlesien

Die Stabholzkirche Wang (13. Jahrhundert) wurde von Friedrich Wilhelm IV. 1844 von Valderstal (Südnorwegen) nach Brückenberg gebracht

Der Rathausturm in Neiße

Diese Mühle steht in Heydau, Kreis Freystadt

Die Peterskirche in Görlitz

Görlitz: Neptunbrunnen am Untermarkt